LES MYSTÈRES DE JUMIÈGES

PAR

RAOUL DE NAVERY

PARIS

LIBRAIRIE CH. DELAGRAVE

15, RUE SOUFFLOT, 15

LES

MYSTÈRES DE JUMIÈGES

A LA MÊME LIBRAIRIE

COLLECTION DE VOLUMES IN-8° ILLUSTRÉS

La Fin de l'esclavage aux États-Unis (*Derniers Jours d'une guerre civile*), par A. Genevay.
La chute d'une dynastie (*Le Dernier Stuart* suivi de : *Les Vêpres siciliennes*), par le même.
Les Deux Frères de Witt, par le même
Sur les rives de l'Amazone (*Voyage d'une femme*), par C. Wallut.
L'Oasis, par le même.
Le Pays des Khroumirs, par Antichan.
Les Orfèvres français, suivi de : *Un antiquaire*, par Ch. Deslys.
Causeries familières sur la nature et les sciences, par E. Muller.
Causeries sur les grandes découvertes modernes, par le même.
La Vie et la Mort de Jeanne d'Arc, par Jacques Porchat.
Chroniques d'autrefois et d'aujourd'hui (*Un soulèvement populaire au moyen âge. — Page et Perroquet*), par Étienne Marcel.
Les Mystères de Jumièges, par Raoul de Navery.
Voyage a la Nouvelle-Calédonie, par Arthur Mangin.
Le Chaud et le Froid, la Pluie et le Beau temps, par le même.
Nouvelles anglaises (*Une aventure de Samuel Johnson. Le Lord-Maire. La maison où l'on ne dort pas*), par Georges Grand.
Les Compositeurs illustres de notre siècle, par Oscar Comettant.

COLLECTION DE VOLUMES IN-12 ILLUSTRÉS

La Légende du vieux Paris, par C. Wallut.
Récits historiques : *La Famille royale de Prusse, Wallenstein, Andreas Hoffer*, par A. Genevay.
Nos aliments. *Histoires et Anecdotes*, par A. Dubarry.
Promenades géographiques, par Lévi-Alvarès.

PARIS. — IMP. DE LA SOC. ANON. DE PUBL. PÉRIOD. — P. MOUILLOT. — 36476

LES MYSTÈRES
DE JUMIÈGES

PAR

RAOUL DE NAVERY

PARIS
LIBRAIRIE CH. DELAGRAVE
15, RUE SOUFFLOT, 15

1883

LES MYSTÈRES DE JUMIÈGES

I

HILDA LA SAXONNE

Le jour allait finir, et les derniers rayons du soleil couchant éclairaient d'une lueur pourpre une des galeries du palais des rois d'Austrasie. Les sculptures barbares s'illuminaient successivement, puis disparaissaient dans des ombres progressives. Une femme marchait d'un pas rapide dans cette galerie, s'arrêtant de temps à autre pour écouter si un bruit de pas ne parvenait point à son oreille, s'appuyant contre une des massives colonnes, et fouillant de ses yeux d'un bleu sombre les jardins qui s'étendaient devant elle. C'était une jeune fille dans tout l'éclat d'une beauté merveilleuse. L'élégance de sa haute taille, se laissait deviner sous une robe sans plis ; une large ceinture d'or relevait la tunique, lamée d'argent, sur une jupe d'un ton blanc d'ivoire. Ses bras nus sortaient de manches très amples, et de larges bracelets d'or serraient ses poignets délicats. Son cou se trouvait emprisonné dans un collier dont les pierreries, taillées en cabochons, étincelaient sous les dernières lueurs du jour. Ses cheveux blonds flottaient sur son dos. Un simple fil de perles les retenait sur son front.

Certes, il était impossible de rêver une incarnation plus vivante de la beauté des filles saxonnes. Ses grands yeux, qui fouillaient l'ombre, gardaient d'étranges profondeurs. Pas un pli n'altérait la grâce fière de son front; toutes les passions pouvaient agiter cet être charmant sans que rien parût sur ce splendide visage. Le sphinx antique ne gardait pas mieux son secret que la jeune femme qui se trouvait seule dans la longue galerie du palais.

Le bruit d'un pas rapide lui fit tourner la tête ; elle reconnut celui qui s'avançait vers elle ; mais, au lieu de lui épargner la moitié du chemin, elle se recula subitement dans l'ombre, et s'assit sur un siège de pierre.

— Hilda ! appela une voix vibrante.

— Je vous attends, prince, répondit la jeune fille, d'une voix glacée.

— Vous êtes bonne, Hilda, bonne autant que belle !

— Monseigneur, reprit la jeune fille d'une voix plus froide encore, vous m'avez dit ce matin que vous souhaitiez m'entretenir d'une affaire grave... Il se passe dans ce palais assez de choses étranges pour qu'il puisse vous être utile de recevoir un conseil... Je suis venue pour écouter ce que vous avez à me dire, ou vous révéler ce qu'il vous serait utile d'apprendre.

— Il ne s'agit pas de moi, maintenant du moins... C'est de vous, de vous seule que je veux vous parler...

— De moi, prince ! alors l'entrevue était inutile. Il ne peut rien m'advenir d'heureux, et ma vie est à jamais fixée... Tout horizon est fermé devant moi, et depuis longtemps j'ai dit adieu à l'espérance.

— Vous, Hilda! et vous n'avez pas vingt ans!

— Depuis huit années je suis esclave...

— Esclave! Est-ce ainsi que vous appelez la façon dont vous êtes traitée? Esclave! Depuis le jour où vous fûtes amenée à la cour d'Austrasie, les maîtres les plus habiles vous ont prodigué leurs leçons. Vous possédez la science d'un clerc et vous vous montrez habile dans tous les arts, dans tous les travaux de femme. L'élégance et la richesse de vos parures surpassent souvent celles de la duchesse Bathilde; vous gardez enfin près d'elle une place enviée par les plus nobles filles; et chacun sait trop ici la noblesse de votre race pour vous offenser jamais.

— Vraiment, prince! répondit la Saxonne, vous m'accuseriez volontiers d'ingratitude; à votre avis, je dois m'estimer très heureuse parce que la duchesse eut le caprice de me faire instruire, que je peins des miniatures, et que je joue de plusieurs instruments. Vous n'avez jamais vu que mon visage, et pas plus que ceux qui m'entouraient, vous n'avez songé à interroger mon cœur. Essayez-le. Cependant, il n'y a qu'une façon d'être esclave, et je l'éprouve d'une manière terrible. Si vous en doutez, regardez ces parures dont vous parliez tout à l'heure... Je porte au cou un collier de pierreries, mais ce collier est celui d'un chien sur lequel le maître a fait graver son nom... Le lévrier ne peut pas plus quitter le chenil que l'esclave la maison du maître; sans cela, le fouet le punirait de son audace...

— Si vous souffrez tant de cet esclavage, pourquoi ne pas demander à la duchesse Bathilde de vous rendre la liberté?

— Moi! s'écria la jeune fille, implorer d'elle quelque chose... On ne demande pas la liberté, prince, on la reprend...

Le jeune homme saisit une des mains d'Hilda.

— Je saurai vous l'offrir, dit-il.

— Vous?

— Moi, Hilda. Moi qui souffre de ces douleurs que jusqu'ici vous m'aviez cachées, moi qui veux changer en diadème le carcan de pierreries que vous portez au cou. Ne m'interrompez pas, Hilda. Si vous me repoussez, je serai assez fier pour ne jamais plus vous entretenir de mes rêves et de mes souffrances. Un prince ne manque jamais d'occasions de se faire tuer. Depuis le premier jour où vous fûtes amenée ici, enfant effrayée, aux yeux gonflés de larmes et dont les bras se tordaient d'angoisse, j'ai songé à vous, et souhaité ce que je puis aujourd'hui accomplir. Hélas! si vous étiez esclave, j'étais loin de me sentir heureux; il me semblait que nos épreuves nous rapprochaient, et que la main d'Hilda la Saxonne était destinée à Griffon, dont l'apanage avait été mesuré d'une main parcimonieuse.

— Le fils de Charles-Martel épouser une esclave! fit railleusement Hilda.

— Qu'était donc Bathilde, quand Clovis II en fit sa compagne honorée, sinon une esclave achetée par un maire du palais?.. Radegonde, qui s'assit sur le trône avant d'avoir sa place sur les autels, était également esclave. Non! non! rien ne nous séparera, si vous le voulez. Je suis maître de mes biens, de ma vie, et ma belle-sœur Bathilde ne s'opposera point à mes vœux.

— Et si je juge impossible ce que vous rêvez? Cela suffit, ce me semble, prince?

— Vous! vous, Hilda! vous me repousseriez...

— Cela vous surprend?... Vous ne comprenez

pas qu'Hilda l'esclave repousse le prince Griffon... Vous croyiez sans doute m'honorer beaucoup en m'offrant votre titre et la moitié de votre apanage... Puisque vous m'avez révélé le secret de votre cœur, laissez-moi vous apprendre les secrets du mien... Depuis le jour de mon arrivée dans le palais d'Austrasie, vous cachez votre pensée intime de tendresse et d'espérance; eh bien! moi, je dérobe le secret de ma haine et de mes projets de vengeance. J'ai feint d'aimer la duchesse Bathilde, je me suis prêtée à ses caprices, et j'ai consenti à lui servir de jouet. Les forts sont les patients, prince! Hilda la blonde n'a jamais cessé d'être Hilda la Saxonne.

— Ne vous trouverez-vous point assez vengée en devenant l'égale de la femme de Carloman?

Un éclat de rire passa sur les lèvres de la jeune fille.

— Son égale! avez-vous dit, mais le serais-je même en vous épousant?

— Ne suis-je point, comme Carloman, le fils de Charles-Martel?

— Vous êtes son fils, dit la Saxonne, comme Esaü était le frère de Jacob... à l'héritage près...

Votre père eut de Rolande l'Austrasienne deux fils, Carloman et Pépin... Un jour de grande bataille contre les Saxons, car les princes et les chefs de votre famille ont toujours opprimé et décimé ma nation, le grand Charles trouva dans sa part de butin une fille de Bavière, de haute naissance et d'une grande beauté : Sénéchilde... Il l'épousa... Et vous êtes le fils de Sénéchilde, la captive bavaroise... Mais, soit que la tendresse de Charles pour votre mère n'égalât pas celle qu'il avait pour Rolande, soit qu'il eût négligé quelques-unes des solennités en usage, quand il se sentit mourir, à cinquante-trois ans, usé par la fatigue des guerres soutenues et des combats livrés, il partagea ses biens avec une inégalité offensante. L'Austrasie échut à Carloman, la Neustrie à Pépin, et vous dûtes vous contenter d'un maigre apanage... Me direz-vous après cela que le prince Griffon est l'égal de Carloman et de Pépin? M'offrez-vous une couronne? Allez-vous m'asseoir sur un trône? Croyez-vous qu'il me suffise d'être votre femme pour me sentir vengée? Non! non! j'ai plus d'ambition et d'audace. Captive comme Sénéchilde votre mère, j'aspire à une large part de puissance. Il ne me suffirait même pas de devenir l'égale de Bathilde. Je veux la voir humiliée à mes pieds comme je fus humiliée aux siens. Renoncez à moi ou épousez ma haine. Fils d'esclave, donnez à l'esclave que vous dites chérir le trône de sa maîtresse... cette maîtresse dont j'ai les chaînes aux poignets et le carcan au cou... Faites cela, Griffon! faites-le, et je deviendrai votre femme, et je vous aimerai de toute l'ardeur d'une âme qui sait si profondément haïr...

— Votre malheur est donc l'ouvrage de Bathilde?

— Non, je le sais, c'est Carloman qui, poursuivant les projets de Charles-Martel, ravagea la Saxe et devint la terreur des miens... C'est Carloman, votre frère, que j'ai vu, sa lourde épée à la main, se trouer un passage afin d'arriver jusqu'à la chambre de ma mère... Son sang rejaillit sur ma robe, j'ai reçu dans mes bras le corps défaillant de mon dernier frère assassiné ; et quand je demandai la mort comme une grâce, on m'entraîna du palais en flammes pour me réunir aux esclaves que les chefs se partageaient! Eh bien! Griffon, sang pour sang, incendie pour incendie, massacre pour massacre!... Il me faut le trône de ce Carloman qui garde l'énergie farouche de Charles-Martel, et la beauté fatale d'Alpaïde son aïeule... N'a-t-il pas eu tous les bonheurs jusqu'ici, ce Carloman? Une femme qu'il aime, des enfants beaux comme des anges adolescents descendus sur la terre et, qui, quand on les voit passer, leurs longues chevelures blondes répandues sur leurs tuniques bleues agrafées d'une longue fibule d'or, inspirent les chants des poètes et font sourire les jeunes filles... Je veux voir cette femme désolée, cette princesse sans duché, cette mère sans enfants... Dérobe ta part d'un royal apanage, Griffon; chasse Bathilde, arrache-lui du front la couronne, je ne regarderai point si tes mains sont rouges de sang, quand tu viendras l'offrir avec un anneau d'or.

— Ah! s'écria Griffon en se reculant avec épouvante, Hilda, ce que vous demandez est impossible!

— C'est ce que je vous ai répondu, prince, quand vous m'avez offert de devenir votre femme.

— Vous êtes trop cruelle!

— Je ne vois que le but à atteindre.

— Mais Bathilde, régente en l'absence de Carloman, défendra l'Austrasie; ses fils commanderont les armées, ils ont déjà la bravoure héréditaire des princes francs...

— Au lieu de les avoir pour antagonistes, faites-

HILDA LA SAXONNE ET GRIFFON

en des alliés!... Carloman est loin! il est retourné en Saxe, avec ses deux fils aînés, afin de piller ce que n'avait pas ravagé son père... Les princes souffrent mal le pouvoir d'une femme, même quand cette femme est leur mère... Soyez vainqueur, Griffon, nous vivons à une époque où tout est possible... Les petits-fils de Clovis massacrés par leurs oncles, Chramne brûlé dans une chaumière avec sa femme et ses enfants, attestent la violence des convoitises et la force des haines. Persuadez aux jeunes fils de Bathilde qu'ils doivent reprendre en main l'autorité laissée à leur mère, promettez de leur aider à secouer le joug de la régente, amenez-les à la trahir et à se liguer avec vous... Quand Bathilde chassée par ses fils leur aura laissé l'autorité, vous vous débarrasserez de ces enfants et vous régnerez à votre tour sur l'Austrasie... Si Carloman revient, vous tiendrez tête à Carloman... Nous serons deux alors! car de Hilda la Saxonne vous aurez fait une duchesse...

En achevant ces mots, la jeune fille serra nerveusement une des mains de Griffon. Celui-ci ne répondait pas. Ce qu'exigeait de lui l'implacable jeune fille lui semblait si monstrueux que son cœur défaillait à l'idée des crimes qu'il devait entasser pour la satisfaire... Trahir Bathilde, entraîner ses fils dans une révolte sacrilège, les rejeter à leur tour en les abandonnant à leurs remords et au courroux paternel, tout cela le plongeait dans une épouvante qui lui rendait toute décision impossible.

— Adieu ! lui dit la Saxonne d'une voix brève.

— Non pas adieu ! par grâce, par pitié... Attends un jour, laisse-moi réfléchir... Je te conquerrai ailleurs un royaume...

— Adieu ! répéta-t-elle.

— Reste ! pas ce mot, il me rend fou... Tu le veux, j'obéirai, Hilda ! tu seras duchesse d'Austrasie...

Elle le regarda profondément aux dernières clartés du jour, puis tout à coup elle tressaillit :

— On vient, Griffon... Ce sont les princes, vos alliés, si vous le voulez, vos complices !

Et, s'enfuyant dans la galerie, Hilda la Saxonne disparut.

II

LA RÉGENTE

La duchesse Bathilde, femme du prince Carloman, était assise dans une chambre spacieuse, tendue de lourdes étoffes. Les meubles massifs n'invitaient point à la paresse, et tout, dans cette pièce, depuis les nombreux parchemins étalés sur une table, et dont les cachets de cire pendaient à des lacets de soie, jusqu'à la clepsydre destinée à rappeler le cours rapide des heures, parlait de travail, de vigilance et de l'amour des choses nobles et graves. Sur un prie-Dieu s'ouvrait un livre aux peintures délicates, dont la reliure d'orfèvrerie était due à des artistes bysantins ; un crucifix étendait ses bras au-dessus. La cheminée de dimensions colossales supportait des ornements dus à un ciseau barbare dans la forme, mais ingénieux par l'idée.

Sur les landiers de fer forgé, des troncs de hêtre brûlaient avec de gais pétillements. A droite de la cheminée, décoration bizarre dans une chambre de femme, se dressait une panoplie composée d'armes terribles, rappelant d'héroïques souvenirs.

A gauche, trophée plus brillant, s'étalaient des parures d'or, d'argent, de pierreries, des pièces d'orfèvrerie d'une dimension inusitée : parts de butin enlevées dans les palais des vaincus, et offertes à sa femme par le vaillant fils de Charles-Martel.

Le duc Carloman avait hérité de l'humeur batailleuse de son père. Qu'il battît les Sarrasins au midi, ou les Saxons au nord, il gardait un impérieux besoin de lutte, une soif ardente de conquêtes, et depuis que la mort de son père l'avait rendu maître du royaume d'Austrasie, il ne l'avait guère habité que durant des haltes entre deux batailles. Il revenait alors, ayant signé une paix que devait rompre, soit la première tentative de représailles des opprimés, soit le plus faible prétexte des vainqueurs.

Singulier royaume que ce royaume d'Austrasie, pris, repris, prêté, donné, vendu, servant tour à tour de théâtre au despotisme de chacun des maires du palais, et qui voyait se succéder une suite de jeunes rois adolescents, tantôt rendus orphelins par un crime, tantôt enlevés au recueillement du cloître pour jouer leur rôle de fantômes de rois.

Ce royaume d'Austrasie, dont le nom signifie : *pays d'Orient*, comprenait toutes les terres au delà du Rhin, et un immense pays en deçà, entre ce fleuve et la Marne. Clovis Ier, après avoir découpé la France, en apanages qu'il distribua à ses fils, laissa l'Austrasie à Thierry Ier. Le règne de Théodebert, qui lui succéda, légua pour unique souvenir celui des crimes de Deutérie, sa mère, qui, restée régente, vit sans regret mourir un fils qui peut-être lui eût disputé un pouvoir que daigna lui laisser Clotaire, en partageant son trône.

L'héritier de cette union, Sigebert, périt assassiné le second mari de Brunehaut éprouva un sort aussi funeste; et, durant de longues années, les pages de l'histoire enregistrèrent les sanglantes représailles de deux reines rivales en puissance, en beauté, en férocité. Plus tard, on vit la France partagée entre trois « petits rois », Théodebert II,

Thierry de Bourgogne et Clotaire; le plus âgé comptait treize ans. Tristes enfances suivies d'envahissements successifs, jusqu'à ce que Clovis II et Bathilde s'emparassent des trois couronnes; mais Clovis II mourut à vingt et un ans, et Bathilde, ancienne esclave capturée par des pirates sur les côtes d'Angleterre, alla oublier dans l'abbaye de Chelles et ses souffrances et ses grandeurs. Alors commença un étrange spectacle : afin de protéger la vie des princes qu'ils souhaitaient gouverner plus tard, les maires du palais les mettaient à l'abri du poignard, tantôt dans l'abbaye de Chelles, tantôt dans des cloîtres d'Écosse. Ils les en retiraient suivant les besoins de leur ambition, et leur permettaient de vivre au fond de leur palais dans les somnolentes habitudes et les plaisirs amollissants de l'Orient.

Chaque année, ces jeunes rois se montraient au peuple dans une litière dorée, traînée par des bœufs blancs; puis ils disparaissaient de nouveau, et les maires, qui s'étaient attribué les titres de ducs et de princes français, gouvernaient le royaume. L'oubli couvrait si bien les « petits rois » que le peuple finit par comprendre qu'ils lui devenaient inutiles, et que mieux valait ne reconnaître que les chefs véritables du pays. Les maires du palais hésitèrent longtemps à supprimer ces rois fainéants. Pépin d'Héristal, général habile, toujours servi par les circonstances, devait le premier rêver un pouvoir absolu, mais sans avoir l'audace de s'en emparer.

De Plectrude, sa première femme, il avait eu deux fils dont la destinée fut également rapide : Dragon, miné par la maladie, expira à la fleur de l'âge ; Grimoald tomba sous le poignard d'un assassin. Alpaïde, dont la beauté chantée par les poètes est constatée par les historiens, donna le jour à Charles-Martel dont la jeune audace, après la mort de Pépin d'Héristal, devait grandement inquiéter Plectrude. Tutrice du futur maire du palais, ce qui semblait alors un titre héréditaire plus sérieux que celui de régente et tutrice d'un roi, Plectrude ne trouva rien de plus simple pour exercer tranquillement son autorité que de faire enfermer Charles dans un château fort. Secouru par les Français, qui chassèrent Plectrude pour investir Charles d'une autorité absolue, le nouveau duc et prince d'Austrasie ne parut vouloir régner que sous le nom de Dagobert III, qui, en mourant à l'âge de dix-sept ans, laissa le trône à Thierry, grandi à l'ombre des cloîtres de l'abbaye de Chelles. Rainfroy qui, après avoir délivré Charles, s'était adjugé le titre de maire du palais, appela alors Daniel du fond d'un monastère, et salua dans le fils de Childéric II l'héritier du royaume d'Austrasie, tandis que Charles-Martel choisissait un Clotaire, issu de Thierry III. La guerre éclate entre les deux maires, luttant moins dans l'intérêt des compétiteurs qu'ils mettent en avant que pour leur compte personnel. Des armées sont levées et mises en présence : Charles donne des preuves de cette valeur indomptable dont les Sarrasins connaîtront le danger ; Rainfroy, vaincu, s'échappe et va errer en Neustrie ; le petit Clotaire, inventé par Charles-Martel, meurt à propos ; un arrangement intervient entre Charles et Chilpéric II, qui règne de nom, tandis que Charles prend en main les affaires. Rainfroy s'estime heureux d'obtenir de la générosité de Pépin d'Héristal le gouvernement de l'Anjou ; Plectrude se contente de recevoir des terres en Austrasie, en échange de la possession desquelles elle remet comme otages les quatre petits-fils dont on fit, dans la suite, quatre évêques désintéressés des affaires politiques. Enfin, Chilpéric étant mort à Noyon, un enfant de sept ans monte sur le trône. Il eut à peine le temps de connaître les ennuis de ce simulacre de royauté ; une intrigue laissa le pouvoir dans les mains de Pépin et de Carloman, qui, par fantaisie plus que par nécessité, élevèrent au trône Chilpéric III, dont la filiation demeure incertaine. Tandis qu'il cachait sa vie au fond de son palais d'Austrasie, Carloman et Pépin, poursuivant les exploits et les projets de leur père, battaient tour à tour les Saxons, les Bavarois, les Sarrasins et enfin les Aquitains révoltés contre leur duc Hunaod.

Pépin s'était adjugé la Neustrie, Carloman régnait sans conteste sur l'Austrasie, et Griffon, dernier né de Charles-Martel, sentait bouillonner à la fois en lui les ardeurs de la jeunesse et les ambitions démesurées. Durant les absences de son mari, Bathilde gouvernait avec une fermeté adoucie par la bonté cette Austrasie tant de fois ensanglantée par des compétitions ardentes. Le peuple et les grands la chérissaient, et le royaume semblait voué désormais à une paix glorieuse, quand la beauté d'Hilda, l'esclave saxonne, inspira à Griffon *le Dépossédé* une passion terrible, alimentée par les habiles coquetteries de la haineuse jeune fille.

Mais, au moment où nous trouvons la duchesse Bathilde assise dans la vaste pièce qui lui sert de cabinet de travail, elle ne songe à Griffon qu'avec indulgence, à Hilda qu'avec tendresse. Si le fils de Sénéchilde était venu lui demander la main de la belle captive, elle la lui eût, sans nul doute, accordée, en y joignant un présent royal; mais Griffon, jaloux de Carloman son frère aîné, n'eût pas daigné descendre jusqu'à la prière, et Hilda tenait trop à sa vengeance pour accepter même le bonheur de la main de celle qu'elle considérait comme son ennemie.

Bathilde, après avoir lu un grand nombre de suppliques, d'actes et de décrets, venait d'apposer sa signature sur quelques-uns. Le chauffe-cire devait dans peu l'aider à terminer cette besogne, lorsque la porte masquée de son cabinet de travail s'ouvrit avec un bruit léger, et deux étranges créatures en franchirent ensemble le seuil.

L'homme, ou plutôt l'avorton, atteignait à peine trois pieds et demi de haut. Son dos se voûtait en arc, ses grands bras descendaient plus bas que ses genoux, ses yeux demeuraient sans regard. Cependant, on pouvait lire sur son visage une intelligence singulière, et les disgrâces de sa personne disparaissaient devant l'horrible expression de son visage. Il tenait en laisse un sanglier aux yeux farouches, qui semblait garder avec lui la docilité soumise et caressante d'un chien. Le monstre servait de guide à l'avorton.

Denis avait jadis été donné à Bathilde en qualité de nain. La finesse de ses reparties, sa facilité à improviser des vers, sa science merveilleuse ne tardèrent point à le rendre cher à la duchesse. Elle

DENIS LE NAIN ET LA DUCHESSE BATHILDE.

eût souhaité faire de Denis le compagnon de ses jeunes enfants; mais ceux-ci se montrèrent sans pitié pour le disgracié, qui s'éloigna des jeunes princes. Un jour, au retour d'une chasse, les fils de Carloman entrant dans la chambre de Denis y lâchèrent un marcassin dont ils venaient d'éventrer la mère.

La bête affolée, couverte de sang, devait, dans l'opinion des enfants cruels, se précipiter sur le bossu aveugle, et ils se réjouissaient de jouir de ce spectacle à la fois grotesque et féroce; mais contre toute prévision le marcassin s'approcha doucement du bossu et se coucha à ses pieds. Peut-être la fixité paisible de ses prunelles éteintes le tranquillisa-t-elle; peut-être étourdi, harassé de bruits de trompes, de cris de chasseurs, de hennissements de chevaux, d'abois de chiens perdus, éprouvait-il un besoin de repos absolu: ce qui est certain, c'est qu'il demeura immobile aux pieds de Denis, qui, revenu de son premier effroi, passait sur son dos rude une main caressante.

— Mes Seigneurs, dit le bossu, vous me l'avez donné, je le garde, et désormais on ne nous verra plus l'un sans l'autre.

Le marcassin devint sanglier; ses dents se firent

menaçantes, ses défenses s'allongèrent; pour tous il devint terrible, hors pour son gardien dont il était devenu le défenseur et l'ami.

La duchesse Bathilde ne traitait point Denis avec la méprisante indulgence des grands se donnant le luxe d'avoir un nain à gages. La science, l'honnêteté, la sagacité judicieuse de Denis lui étaient connues, et plus d'une fois elle le consulta dans des circonstances graves. Sans s'étonner beaucoup de le voir apparaître, elle l'appela, tandis que le sanglier aux yeux rouges, aux menaçants boutoirs, se plaçait à côté de son maître. Mais à peine la duchesse eut-elle levé les yeux sur Denis qu'elle demeura surprise de l'expression de son visage.

— Qu'est-il advenu? lui demanda-t-elle; d'où vient le tremblement qui agite tes membres? Pourquoi viens-tu ici avant l'heure où j'ai cessé de travailler?

— Ma noble maîtresse, dit l'aveugle, laissez là les placets et les ordonnances, oubliez même que le premier office vient de sonner. Vous irez plus tard à l'église demander au Seigneur la grâce de supporter et de conjurer le coup qui vous menace.

— Le duc? s'écria Bathilde, il est arrivé malheur à mon époux!

— Le seul malheur est qu'il soit en ce moment absent de l'Austrasie, madame et noble maîtresse. En sa présence, nul n'oserait vous menacer et comploter la ruine de ce royaume.

— Comploter! ruiner l'Austrasie! Denis, voilà de dangereux mots.

— Moins graves que les faits, cependant.

— Parle, parle! que sais-tu?

— Hier, reprit l'aveugle, l'heure était déjà avancée, lorsque je me souvins de n'avoir point fait à la chapelle du palais ma visite accoutumée. Peu m'importait qu'on en eût éteint les cierges, la nuit n'est-elle point éternelle pour moi? Je me retirai dans une chapelle, et je m'oubliai dans une longue méditation. La fatigue du corps et celle de l'esprit me domptèrent à la fin, et je m'endormis dans l'angle d'une chapelle. Je crus plus tard continuer un rêve, en entendant non loin de moi le murmure de plusieurs voix. J'éprouvais la sensation d'avoir longtemps dormi; le froid descendant des voûtes m'agitait d'un frisson; mais ce tremblement fit place à une fièvre mêlée d'épouvante, lorsque, prêtant l'oreille aux paroles de ceux qui cherchaient un abri dans la chapelle, je compris le but de cette réunion nocturne.

— Qui donc était là? demanda la duchesse.

— Permettez-moi de vous apprendre d'abord ce que rêvaient les conspirateurs, car c'était bien d'une conspiration qu'il s'agissait. Le plus âgé des interlocuteurs blâmait le duc Carloman de se lancer dans une suite de guerres interminables, au lieu de gouverner paisiblement le royaume d'Austrasie. Il cherchait à prouver que, trop longtemps négligés, ses sujets avaient besoin de sentir le frein d'une volonté puissante; que la quenouille devait être le partage de toutes les femmes, même des duchesses; et que les régences, royautés temporaires, ne pouvaient manquer de devenir fatales aux États qui les subissaient. Tout cela était exprimé d'une voix âpre, mordante; puis cette même voix s'assouplit, et après mille détours habiles une révolte contre vous fut ouvertement conseillée!...

— La révolte! tu as bien entendu, Denis?...

— Entendu et retenu, madame.

— Mon Dieu! mon Dieu! de qui dois-je me défier? que faut-il craindre? Je m'étais efforcée de faire assez de bien pour ne compter que des amis et des défenseurs parmi ceux qui m'entourent.

— Dieu qui m'a retiré la vue, madame, a doublé la finesse de mes autres sens... Je connais un homme à l'accent de sa voix, comme un autre aux traits de son visage, et je jurerais sur l'Évangile que je sais le nom des trois complices qui rêvent de vous arracher le pouvoir.

— Ces noms? ces noms? demanda la duchesse.

— Ne devinez-vous pas quelle âme orgueilleuse et jalouse souffle ici la haine et la rébellion? Griffon le Dépossédé rêve d'agrandir son mince apanage. Le fils de Sénéchilde prétend l'emporter sur les enfants de Rolande, et, profitant de l'absence du prince Carloman, il veut s'emparer du royaume d'Austrasie.

— Lui! s'écria la duchesse, lui! Mais ne sait-il pas, l'insensé, qu'entre son rêve et le trône il trouverait Bathilde armée du droit qu'elle tient de son époux, et ses deux jeunes fils prêts à lever l'épée pour la première fois?

Denis secoua la tête; la maladive pâleur de son visage s'accentua davantage, et sa voix devint âpre quand il ajouta :

— Les fils du noble Carloman ne prendraient point le parti de leur mère.

— Quoi! Charles, Thierry, mon Benjamin, m'abandonneraient à l'heure du péril?

— Ils feraient davantage, madame, ils s'allieraient contre vous avec le prince Griffon.

— Tu mens, Denis, tu mens! s'écria la duchesse.

Le nain aveugle tomba sur les genoux.

— Oh! madame! ma noble maîtresse! plût à Dieu que je fusse mort avant d'avoir à vous révéler ce mystère d'iniquité et d'ingratitude! Mais aussi vrai que Dieu règne au ciel, cette nuit, dans la chapelle, le prince Griffon, semblable au serpent maudit, s'est emparé de l'esprit des jeunes princes. Ils ont lutté, cependant : Charles parlait de son respect pour vous, et Thierry de sa tendresse. L'un redoutait son père, l'autre rappelait les commandements du Seigneur. Mais à chaque objection Griffon répondait par une parole tentatrice. Il faisait miroiter devant ces adolescents les charmes enivrants du pouvoir. A l'un il parlait de guerre, à l'autre de plaisirs faciles; Charles se laissait entraîner à la pensée de guider des armées, Thierry à l'espoir de régner sur des favoris et de promener sa jeune royauté dans une basterne dorée... Enfin, après s'être tous deux défendus, tous deux ont succombé : leurs mains sont tombées dans les mains du prince Griffon, et leurs lèvres ont juré leur parricide et votre déchéance.

— Les malheureux ! les malheureux ! s'écria la duchesse en cachant son front dans ses mains.

— Vous pleurerez demain, madame, si l'on doit pleurer sur des ingrats ; aujourd'hui, il faut agir et vous défendre. J'ignore quel sera le chiffre des défections, mais il vous restera des serviteurs fidèles.

— Denis, répondit la duchesse avec l'obstination des mères, je crois à ton récit, bien que tu viennes de me briser le cœur. Griffon a pu un moment entraîner des enfants et les pousser à la révolte ; mais ce qu'ils ont comploté dans la nuit, jamais ils n'oseront le réaliser en plein jour. S'ils entraient dans cette chambre, si résolus qu'ils fussent à suivre les suggestions de Griffon, un seul de mes regards les ferait rentrer dans le devoir. Charles et Thierry m'aiment tous deux. Ma voix n'a point perdu sur eux son empire, et le sentiment de leur faute les jettera à mes pieds avant que je les attire dans mes bras.

Au même instant, un bruit de pas se fit entendre, puis des voix animées s'élevèrent.

— Dieu du ciel ! fit la duchesse, c'est Griffon..., Griffon avec Charles et Thierry ; que viennent-ils me dire?

Bathilde ne demeura pas longtemps dans l'incertitude : la porte de la salle s'ouvrit, et brusquement s'avancèrent devant elle ses fils et son beau-frère, tandis qu'un groupe de seigneurs austrasiens se rangeait derrière eux.

III

RÉVOLTE OUVERTE

La duchesse demeura impassible en apparence. A peine une pâleur plus accentuée s'étendit-elle sur ses joues ; à peine l'éclair de ses yeux noirs brilla-t-il sous la frange de ses cils. Elle se redressa de toute la hauteur de sa taille frêle, mais nerveuse ; puis, debout, faisant face à des adversaires dont elle paraissait devoir juger la conduite, plutôt qu'accepter les lois, elle attendit.

Griffon s'avança, Thierry et Charles baissaient la tête ; s'ils se fussent trouvés seuls avec Bathilde, ils seraient sans doute tombés à ses pieds; mais autour d'eux se pressaient des complices qu'ils ne pouvaient abandonner, et la main crispée au pommeau de leur épée, ils attendaient ce que leur oncle devait signifier à la femme de Carloman.

— Madame, lui dit le prince d'une voix âpre, tandis qu'il s'inclinait légèrement, je viens à vous en ambassadeur...

— Votre suite est bien nombreuse, répondit la duchesse.

— Il importe que la réponse faite par vous à mes propositions soit entendue des nobles seigneurs qui m'entourent.

— Vous voyez que j'ai de la patience, prince Griffon, expliquez-vous.

— Madame, ce que doit avant tout chercher un souverain, c'est la tranquillité et le bonheur de ceux qu'il gouverne. Sa tâche est de tous les jours et de toutes les heures. Il n'a le droit de se reposer que lorsqu'à la porte du palais ne heurte aucun suppliant, que lorsque les prières ont reçu une réponse, et les malheureux, une aumône. Le peuple a le droit de s'adresser à son prince comme à un protecteur, un juge, un père. L'héritage paternel doit être surveillé, et c'est mal comprendre ses obligations de roi que d'abandonner sa patrie pour guerroyer au dehors, que ce soit contre les hordes saxonnes ou contre les Sarrasins. Depuis qu'il règne sur l'Austrasie, mon frère Carloman dédaigne d'y séjourner. Les nations voisines connaissent le poids de son glaive ; ses sujets ignorent s'il les aime ou s'il les dédaigne. Tandis qu'il porte au dehors la guerre destinée à lui procurer des lauriers stériles et à gorger de butin des soldats ivres d'hydromel, l'Austrasie souffre et se plaint, l'Austrasie demande son maître. L'agitation d'en haut descend dans les masses ; et si cet état de choses continue quelques mois encore, avant un an l'Austrasie passera dans des mains capables de la gouverner.

— Vous oubliez que je suis là, dit la duchesse.

— Je me souviens que le sceptre ne saurait tomber en quenouille.

— Mais je ne règne pas! dit Bathilde.

— Vous gouvernez, madame, et c'est déjà trop. Des hommes supportent difficilement le joug d'une femme. A cette main frêle il suffit du poids d'un fuseau et d'un écheveau de laine. Puisqu'il ne convient pas à mon frère de quitter la Bavière et la Saxe, cédez à ses fils un pouvoir que vous avez trop longtemps gardé, et contre lequel se soulève notre noblesse.

— Céder le pouvoir à mes fils! répondit Bathilde d'une voix dans laquelle il entrait plus de douleur que de colère, oseraient-ils donc l'accepter, quand bien même il tomberait de mes mains...

Charles releva la tête.

— Croyez... dit-il.

Mais Griffon posa la main sur son épaule et murmura :

— Tant que ta mère demeurera régente, elle t'interdira la guerre, qui seule peut et procurer la gloire et te faire l'égal des princes de ton âge.

— Ma mère... murmura Thierry.

— Tu aimes Ingonde, la fille d'un des ennemis déclarés de Bathilde : elle refusera son consentement à ce mariage, si tu ne te délivres pas de sa tutelle.

Les deux princes n'ajoutèrent rien, et Griffon reprit :

— Consentez-vous, madame, à remettre le pouvoir à mes neveux?

— Jamais! répondit la duchesse, ce que j'ai reçu de leur père, je le conserverai intact.

— Vous n'êtes plus libre de vouloir, madame ; moi et tous ceux qui m'entourent, nous rougissons d'être gouvernés par vous.

— C'est une révolte ouverte, alors?

— N'appelez pas de ce nom notre conduite d'aujourd'hui. En plaçant deux des fils de mon frère à la tête de l'Austrasie, nous restons fidèles au sang de Pépin d'Héristal, mon aïeul, et de Charles-Martel, mon père. Pour nous, pour l'Austrasie, vous demeurez une étrangère.

— Et si je cède, Charles et Thierry régneront?

— Ils régneront.

Au lieu de se relever avec un juvénile orgueil, le front des princes se baissa davantage.

— Et que pouvez-vous attendre de bon de princes soulevés contre leur roi, de fils armés contre leur mère? Vous voulez, dites-vous, que le maître de l'Austrasie demeure dans son royaume, afin de rendre la justice et d'entendre les vœux des petits et des pauvres... Je puis hardiment vous regarder en face et vous répondre : — Je n'ai jamais failli à ce devoir; les malheureux ont trouvé en moi une mère, les opprimés, un appui. J'ai soutenu et fondé des abbayes dans lesquelles des moines copient les œuvres des savants et collectionnent nos chroniques. Quand reviendront Carloman et ses fils aînés des guerres lointaines, je remettrai sans regret une autorité dont j'usai pour le bien de tous. Vous reprochez à mon époux de repousser les ennemis de la patrie, de veiller à l'intégrité de nos frontières. Oubliez-vous les ravages des Bavarois, les invasions des Sarrasins, les pillages des hommes du Nord sur les côtes de la Neustrie? Que feraient deux enfants sur le trône dont vous voulez me faire descendre? Croyez-vous à la prudence et à la politique de leurs seize ans? Seigneurs austrasiens qui vous pressez dans cette salle pour appuyer une revendication criminelle, l'un de vous peut-il m'adresser un seul reproche? Grimoald, je vous ai fait restituer l'héritage paternel détenu par un oncle avare; Landry, vous me devez le prix de votre rançon après une bataille perdue; Drogon, je vous ai donné pour épouse la plus chère de mes filles d'honneur... Titres, richesses, je vous ai tout prodigué, le cœur confiant, les mains ouvertes. Je laissais sous votre garde la femme et les fils de votre souverain, et à cette heure vous prétendez éloigner l'une pour acclamer les autres. Fous et criminels! Je châtierais cruellement ce complot indigne, si je n'en connaissais trop l'auteur, pour ne pas absoudre en partie ses complices. Ce pouvoir que vous tentez de me reprendre est encore tout entier dans mes mains.

— Un mot de moi suffirait pour vous jeter dans des cachots en attendant l'heure de la justice de Carloman. Demandez grâce, abjurez cet acte insensé, et je l'effacerai de ma mémoire.

— Madame, reprit Griffon d'une voix âpre, le pouvoir dont vous parlez est fini, et vous ne parlerez plus en maîtresse dans ce palais. Nous demandons Charles et Thierry pour rois, nous les accordez-vous?

— Je le ferai, répondit la duchesse, s'ils osent prendre de mes mains le sceptre que me confia leur père... Mes fils! mes fils! vous que j'ai bercés dans mes bras, que j'ai chéris d'un amour si tendre, répondez à votre oncle selon votre conscience et selon votre cœur.

— Un mot de vous fera tomber ma tête, dit Griffon à Charles.

— Cédez à votre mère, et c'en est fait de notre liberté! ajouta Grimoald en se penchant vers Thierry.

— Plus de régente! plus de régente! crièrent des voix tumultueuses.

— Vivent Charles et Thierry! ajouta Griffon.

— Oh! les ingrats! les ingrats et les lâches! murmura Bathilde.

Ce qu'elle regrettait à cette heure, ce n'était pas la puissance dont elle s'était servie pour faire le bien, ce n'était pas la disposition libre d'un trésor qu'épuisaient en faveur des infortunés ses mains généreuses. Non! elle pleurait sur les deux adolescents dont Griffon avait corrompu le cœur; elle pleurait l'amour filial éteint dans ces jeunes âmes. La femme de Carloman s'était montrée forte, la mère faiblit.

— Thierry! Charles! dit-elle, en étouffant les sanglots, revenez à votre mère, et jamais Carloman ne connaîtra votre démence. Jetez-vous à mes pieds en sujets fidèles, dans mes bras en fils repentants... apprenez à mes côtés à gouverner ceux dont un jour vous serez maîtres comme vos pères... Je ne veux pas vous menacer encore, je vous ai trop aimés pour garder la force de vous maudire! Mes enfants! mes enfants!

— Ces enfants sont des hommes! dit Griffon, et ces hommes sont des rois! Si vous ne cédez à la volonté des seigneurs et du peuple austrasien qui les délègue vers vous, prenez garde que l'on ne courbe votre tête orgueilleuse, et qu'on ne vous jette rasée au fond d'un cloître. Encore une fois, et c'est la dernière, abandonnez le gouvernement du royaume, ou attendez-vous à ce qu'il vous soit arraché.

Les larmes se séchèrent brusquement dans les yeux de Bathilde. Elle venait d'épuiser et son courage et sa patience. Les yeux étincelants, les lèvres crispées, elle marcha vers ses adversaires :

— Dieu se charge de venger le crime des fils rebelles, dit-elle, et je ne prononcerai point sur le sort de ceux-ci. Ils ont entendu menacer leur mère et ils ont gardé le silence, je ne les connais plus à partir de cette heure. La mère, trop offensée, s'efface devant l'épouse. Je ne me laisserai point spolier par des ambitieux, parce que le pouvoir qu'ils convoitent est un dépôt. J'ai été épousée par Carloman avec l'anneau et le denier, je suis sa compagne devant Dieu et devant ses peuples. Il m'a dit en partant : « Règne » et je régnerai ! Il m'a remis son sceptre, vous le briserez dans mes mains peut-être, je ne vous le céderai jamais. Ah ! vous avez cru, prince Griffon, que vous auriez bon marché d'une femme, surtout en armant contre elle des fils qu'elle adorait. Détrompez-vous ! Je ne suis point de la même famille que Sénéchilde, votre mère ! Et si le duc Charles-Martel vous légua si mince apanage, c'est sans doute qu'il ne vous croyait point des droits égaux à ceux de ses autres fils Entre captives et vainqueurs bien des formalités s'oublient. Ne m'obligez point à vous en dire davantage. En vous gardant près de lui sur un pied d'égalité, Carloman fit acte d'indulgence, et d'imprudence, paraît-il. De ce jour, tout lien d'amitié et de famille est rompu. Vous sortirez du royaume d'Austrasie. Je veux bien ne point châtier trop durement le frère de mon époux. Son exil me suffit.

— Je ne partirai pas, répliqua Griffon.

— Quant à mes fils, je les chasse du palais qu'ils ont profané !

BATHILDE ET LES RÉVOLTÉS

— Grâce! murmura Thierry, en joignant les mains.

— Ingonde! rappelle-toi Ingonde! dit Griffon à son oreille.

Charles saisit la main de son frère, et fit deux pas vers la duchesse:

— Cédez, madame ma mère, cédez, dit-il, nous remettrons en vos mains le pouvoir qu'on veut nous confier.

Mais Bathilde ne parut plus ni les voir ni les entendre; elle s'élança vers la panoplie, et avec une violence que l'on ne semblait guère attendre de cette délicate créature, elle saisit une lourde masse d'armes qu'elle fit tournoyer au-dessus de sa tête.

— Charles-Martel la rougit du sang des Sarrasins, dit-elle; elle se lèvera contre vous, jusqu'au jour où Carloman vengera sa femme et défendra lui-même son héritage.

— La guerre, alors? demanda Griffon.

— La guerre! répondit Bathilde. La guerre contre les Caïns avides et les fils parricides ! La guerre contre les sujets entraînés dans une conspiration, qui se terminera par un châtiment terrible. La guerre au dedans et au dehors. Je lèverai le ban et l'arrière-ban ! Nos sujets fidèles se lèveront de tous les points de l'Austrasie. Si la terre du royaume manque sous mes pieds, je m'enfermerai dans ma capitale ; si vous l'assiégez, je me réfugierai dans mon dernier palais, et si vous enfoncez les portes, vous me trouverez debout sur le seuil de la chapelle, prête à accuser et prête à maudire !

Le geste de Bathilde fut si terrible, sa voix résonna si vibrante, que Griffon, entraînant avec lui les princes, s'élança hors de la salle, tandis que la foule de ses partisans répétait :

— La guerre ! la guerre !

Quand la porte se fut refermée, Bathilde chercha dans quel angle de la pièce Denis s'était réfugié avec son étrange compagnon. Mais elle n'aperçut personne ; l'aveugle et le sanglier avaient disparu. Elle laissa échapper la masse d'armes qui pesait maintenant à ses mains ; puis, se laissant tomber sur un siège, elle fondit en larmes.

Encore une fois Bathilde pleurait ses fils.

Elle fut tirée de son désespoir par les caresses de deux mains blanches, et par l'accent doux et tremblant d'une jeune fille prosternée à ses pieds.

— Ah! ma noble dame et maîtresse, murmura celle-ci, comment des ingrats (car est ingrat quiconque manque à la joie ou au devoir de vous aimer) peuvent-ils vous réduire à une douleur semblable ?

La duchesse leva ses yeux en pleurs sur celle qui venait de s'agenouiller devant elle.

— Hilda ! murmura-t-elle, chère Hilda, ne révèle à personne que tu m'as trouvée si faible. Je n'ai pas le droit de pleurer, il faut rassembler mes forces pour combattre... Chère et noble fille, je te trouve sans cesse près de moi à l'heure de l'angoisse et de la lutte ; cependant, si ton esprit était moins juste, et ton cœur moins tendre, tu pourrais presque me reprocher les malheurs de ta maison.

— Vous savez bien que je vous aime, murmura Hilda d'une voix dont la douceur semblait l'expression d'un dévouement et d'une pitié sans bornes; oui, je vous aime, et je déplore les malheurs qui vont fondre sur vous. Que pouvez-vous? Qu'allez-vous faire ?

— C'est déjà trop d'avoir pleuré, Hilda, il faut agir. Retire-toi avec tes compagnes ; j'ai besoin de voir autour de moi des soldats tenant le glaive, et des vieillards qui conseillent. Va en paix, ma belle et douce Saxonne, tu es, je le sais, dévouée et fidèle.

— Ne porté-je pas au cou un collier comme votre chien?...

L'accent d'Hilda parut sans doute étrange à Bathilde, car elle posa sa main sur le front de la jeune fille, et renversa sa belle tête blonde en arrière.

— Fidèle! répéta-t-elle comme un écho, oui, fidèle!

Hilda disparut sous une lourde portière, et la duchesse, appelant un de ses serviteurs, lui donna ordre de rassembler la garde du château.

La lutte allait commencer.

IV

LE MESSAGER

La bataille était gagnée. Le duc Carloman, ayant à ses côtés ses deux fils aînés et entouré des chefs principaux de son armée, venait de s'asseoir à l'entrée de sa tente. Un amas de fourrures d'aurochs et d'ours lui servait de siège. Son épée, qu'il avait négligé de remettre dans le fourreau, témoignait des rudes coups qu'elle venait de porter. Des taches sanglantes souillaient la tunique du prince, dont les cheveux roux couvraient les robustes épaules. En face de lui, une masse profonde d'hommes, de femmes et d'enfants attendaient dans le silence de la stupeur ce qu'il plairait au vainqueur d'ordonner de leur sort. Souvent, dans ces temps encore barbares, la cruauté l'emportait sur la compassion et la justice. En perdant sa liberté, le vaincu voyait abattre d'un coup de hache la main qui l'avait mal servi dans la défense de son foyer et de sa famille. Plus loin, à l'arrière-plan du tableau, s'élevaient les flammes d'un incendie. Le duc Carloman, après s'être emparé de la ville, et en avoir fait piller les trésors, l'avait livrée au feu, afin de ne laisser aucune espérance à ceux qu'il venait de combattre. A gauche de Carloman s'amoncelaient des vases précieux, des plats d'argent et d'or, des parures de femmes, des manteaux aux précieuses broderies; quelques meubles d'une perfection rare, des armes ciselées avec art, des casques dont les incrustations reproduisaient des fantaisies pleines d'imprévu. Un groupe de chefs procédait à l'évaluation du butin: car chaque soldat, si obscur qu'il fût, avait droit à ce partage. Si l'amour de la conquête et une soif ardente de ce que les guerriers appellent la gloire poussaient les princes et les grands hors de leur patrie, pour les jeter sur la Saxe et la Bavière, le soldat qui ne devait attendre ni titres ni honneurs et dont le nom se trouvait voué à une obscurité perpétuelle, se battait dans l'espoir du gain et dans l'attente du pillage. Il voyait dans une victoire des pièces d'argent, des flots d'hydromel et quelques jours d'une suite non interrompue d'ivresses. Tandis que les chefs évaluaient le butin, les soldats fourbissaient leurs armes, pansaient mutuellement leurs blessures; pendant qu'un certain nombre ouvraient de vastes tranchées destinées à l'ensevelissement des cadavres. Quelques-uns poussaient des cris de joie en voyant flamber la ville vaincue ; le plus grand nombre contemplaient d'un œil morne les groupes de captifs. Le sort qui les attendait ne pouvait-il être le leur un jour? Quant à Carloman et à Dreux, son fils aîné, enivrés de la victoire, saisis de cette ardeur féroce qui pousse en avant les chefs d'armée sans s'inquiéter des malheurs qu'ils causent, des hommes qu'ils massacrent, des cités qu'ils ruinent, ils oubliaient presque la victoire remportée, pour songer à celles qu'ils rêvaient dans l'avenir. Ils se voyaient guidant les troupes victorieuses au delà des montagnes franchies, des fleuves traversés ; du royaume d'Austrasie ils faisaient un empire dont chaque projet reculait les bornes. Interrompant ces rêves de conquête, Carloman désignait des groupes d'hommes dont les uns devaient être vendus, les autres incorporés dans son armée, tandis que les derniers auraient à subir une mutilation qui fut en usage jusque sous Charlemagne. Quant aux femmes, il laissait libres les aïeules et toutes celles que frappaient les infirmités et la vieillesse. Quelques-unes, dont les familles possédaient de grands biens en dehors de la cité incendiée, offraient de fortes rançons ; un grand nombre parmi les plus jeunes et les plus nobles se trouvaient destinées à devenir les esclaves des femmes des chefs austrasiens. Les filles du peuple perdaient et leur libre arbitre et la disposition d'elles-mêmes.

Lorsque les officiers eurent terminé l'évaluation du butin, Carloman distribua à ses fils et aux chefs des armes de prix, des bijoux magnifiques, des vases d'or et d'argent. La part qu'i se réservait ne dépassait guère celle de ses compagnons d'armes. Jamais Carloman, que possédait l'amour de la guerre, et qui semblait ne respirer que dans le tumulte de la bataille, n'avait montré d'avidité et d'avarice.

— Assez de sang! dit-il à ceux qui l'entouraient, je ne déshonorerai pas ma victoire en mutilant des guerriers qui se sont battus comme des braves. Ni supplice aux hommes, ni insulte aux femmes. Ceux qui pourront fournir une rançon seront libres d'aller où il leur conviendra. Les femmes deviendront les servantes de nos compagnes. Si quelqu'un a des demandes à m'adresser, qu'il approche avec confiance. Je ne ferai pas lourd le joug que j'impose. Quiconque servira dans mon armée recevra une solde. Je ménagerai des faveurs à ceux qui me reconnaîtront et serviront comme maître avec une entière loyauté !

Dans les groupes des vaincus circula un murmure de satisfaction, et plus d'un front incliné se redressa. On vit des femmes soulever dans leurs bras et tendre vers Carloman des enfants innocents, et des jeunes filles sourire à travers leurs larmes.

Tout à coup un cri de stupeur et d'épouvante s'éleva du côté où étaient entassés les vaincus. On se désignait du geste un objet étrange. On se reculait avec terreur, en criant :

— Le voilà ! le voilà !

Au même instant, fendant la masse des soldats et des esclaves, apparut une créature difforme, souillée de sang et de poussière, chevauchant sur un sanglier de taille gigantesque qui, la bave à la gueule, le poil hérissé, les défenses en avant, ses yeux ternes regardant à la façon des bêtes féroces, vint brusquement non pas s'arrêter, mais s'abattre aux pieds du duc Carloman, entraînant dans sa chute le nain à demi mort.

Des piques et des épées menacèrent à la fois la monture du cavalier, mais Carloman étendit la main et se contenta de dire:

— C'est Denis l'aveugle, et son sanglier fidèle.

Denis l'aveugle, c'était bien lui, en effet, déchiré, poudreux, sanglant, sans souffle comme sans regard.

Une des nouvelles esclaves du duc Carloman, saisie de pitié à la vue de la misérable situation de cette créature disgraciée, prit un vase rempli d'eau et l'approcha des lèvres de Denis.

Celui-ci but machinalement, sans reprendre haleine, si épuisé qu'il paraissait prêt à rendre l'âme. La femme lava son visage livide, puis elle désaltéra le sanglier vautré sur le sol, à côté de son maître.

— Denis l'aveugle! répéta le duc Carloman. Pour qu'il vienne ici en si piteux équipage, il doit être porteur de graves nouvelles.

Touchant alors l'épaule de Denis, le duc ajouta:

— Qui t'envoie?

AU CAMP DE CARLOMAN

— Personne, répondit l'avorton.

— Tu es venu seul?

— Tout seul.

— Comment n'as-tu point songé à prendre un guide?

— Si mon sanglier avait pu parler, je me serais passé de lui, et j'aurais marché; quand mes jambes auraient faibli, j'aurais rampé sur les genoux... Et si mes genoux brisés m'avaient refusé le service, je me serais traîné sur le ventre comme un reptile...

— Parle, dit le duc.

— A vous seul je puis révéler ce qui m'amène : vous tiendrez ensuite conseil, s'il vous convient, Monseigneur.

Carloman se leva, entra dans l'intérieur de la tente dont les rideaux s'abaissèrent et demeura debout, appuyé sur sa lourde épée, tandis que Denis se prosternait à ses pieds.

— Mon maître, dit-il, mon royal et doux maître, vous avez mal fait de partir pour guerroyer au loin, et mieux eût valu défendre votre duché et protéger madame Bathilde, que de conquérir des terres et d'incendier des villes... J'ai cru mourir avant de vous rejoindre... Je demandais à tous sur ma route : « Où est l'armée de Carloman ? »

On étendait le bras pour me dire : « Plus loin. » — Des femmes en pleurs ajoutaient : « Quand tu traverseras des campagnes dévastées, quand on te dira que tu approches des ruines d'une ville, c'est que le duc d'Austrasie, prince de France, a passé là... Cours, vole, chaque jour ajoute à ses conquêtes et voit couler un flot de sang... » Et j'allais ! Le peu d'or renfermé dans mon escarcelle s'épuisait, je ne pouvaisplus guère monter dans les chariots ou obtenir de me hisser sur un cheval maigre... Mon compagnon effrayait, ma misère devenait répulsive. Les dures journées et les tristes nuits, mon maître !... Sans mon fidèle gardien je ne fusse point arrivé vivant, et madame Bathilde serait perdue...

— Perdue ! répéta le duc, voici la seconde fois que tu prononces ce mot. Vide cette coupe de vin, Denis, et parle. Si fort qu'on soit, on en vient à trembler, quand il s'agit du sort de ceux qu'on aime...

— Quand vous êtes parti, monseigneur, le royaume semblait en paix, et si plus d'un ferment de discorde s'y glissait, rien ne semblait devoir présager ce qui s'y passe. Vous avez cru n'y laisser que des sujets fidèles, un frère dévoué, des fils respectueux...

— Achève Denis, achève...

— Eh bien! le prince Griffon, levant le masque, prétend s'emparer de votre héritage et régner sur l'Austrasie. Pour cacher sous une apparence de légalité la noirceur de ses menées, il s'est ménagé des complices sous votre toit. Armant vos jeunes fils contre leur mère, il fait la guerre à la régente, sous prétexte de prendre en main les intérêts de Charles et de Thierry... Il leur a promis le trône que vous occupez, ce trône qui, plus tard, doit être l'héritage du prince Dreux; et vos derniers-nés, qui ne comprennent point que Griffon ne travaille que pour lui, se croient déjà maîtres de l'Austrasie. Le prince Charles, naturellement vaniteux, accepte l'idée d'une lutte, même sacrilège, tandis que Thierry, séduit par les coquetteries d'Ingonde, lui fait espérer qu'elle deviendra princesse d'Austrasie.

— La duchesse? demanda Carloman.

— Avec une admirable force d'âme et un courage à toute épreuve, elle défend vos droits et les siens.

Trahie par ses fils et combattue par votre frère, elle a rallié une troupe de seigneurs et de soldats fidèles, afin de défendre sa ville. Mais que pouvaient une poignée d'hommes contre l'armée de Griffon? La ville prise après une défense héroïque, la duchesse s'est réfugiée dans le château. Chaque jour elle en dirige la défense, remplissant les pots à feu, roulant des pierres sur la tête des assiégeants. Je le sais, oui je le sais, seigneur duc, elle a saisi à deux mains une échelle appuyée contre une des tours et l'a renversée dans le vide. Elle fait le guet avec les sentinelles, panse les soldats blessés, distribue les vivres qui s'épuisent, et prie, au milieu de ses défenseurs, pour que la Providence envoie Carloman à son aide...

— N'a-t-elle donc trouvé personne qui lui vînt en aide?

— La ville fut aussitôt cernée que close, et quiconque eût tenté d'en franchir les portes eût été un homme mort.

— Mais toi? demanda le duc.

— Oh! moi! Je n'attendis pas que la cité fût fermée pour m'en échapper. J'étais près de la duchesse au moment où le fils du grand Charles-Martel et de la damnée Sénéchilde pénétra dans l'appartement de la noble Bathilde, avec les princes Charles et Thierry, et un grand nombre de seigneurs révoltés comme eux. J'entendis les menaces du prince, les vaillantes réponses de votre compagne; je fus témoin de la coupable faiblesse de ses fils, et comprenant que j'étais le seul être dont on n'oserait se défier, je m'esquivai du palais, puis de la ville avec mon compagnon. Le lendemain, il m'eût été impossible de fuir...

— Combien de temps s'est passé depuis ton départ?

— Un mois, répondit Denis l'aveugle.

— Ah! j'arriverai trop tard! s'écria Carloman.

— Non, monseigneur, à Dieu ne plaise! Vous avez de bons chevaux, les murailles de votre château sont solides. Ceux qui le défendent mourront jusqu'au dernier plutôt que de se rendre. Enfin, quand bien même les murailles du palais crouleraient sous les efforts des assiégeants, si coupables que soient vos fils, ils ne porteront pas la main sur leur mère...

— Mes fils! Denis, ne prononce plus ce nom : je n'ai plus désormais de pires ennemis que Thierry et Charles, et si Dieu n'a déjà vengé la majesté paternelle outragée, je jure de châtier cruellement les rebelles et les parricides...

Le duc resta un moment suffoqué par une rage dont rien ne saurait rendre la violence, puis sa main se posa sur la tête de Denis :

— Quant à toi, dit-il, je te ferai si grand, après t'avoir vu si courageux et si noble de cœur, qu'il ne sera pas un seigneur de ma cour qui ne s'incline devant Denis l'aveugle.

Carloman traversa rapidement sa tente, en écarta violemment les rideaux; puis, d'une voix frémissante que jamais les soldats n'avaient entendue si terrible, il s'écria :

— A cheval, mes fils, à cheval, mes fidèles! Fatigué ou mort, quiconque m'aime me suivra... Ce n'est plus le pillage d'une ville que je promets à ceux que j'entraîne à ma suite, mais tout l'or monnayé de mes coffres, la vaisselle d'or et d'argent de ma table, les diamants de ma couronne et les pierreries du fourreau de mes épées. A cheval ! et en avant pour la défense de l'Austrasie et le salut de Bathilde, ma noble dame ! Soldats ı e malheur d'une journée a rendus captifs, je vous rendrai la liberté sous les murs de ma ville, quand vous m'aurez aidé à étouffer une criminelle révolte, et chacun de vous pourra revenir dans sa patrie, et y prendre une compagne parmi ces captives ! Vous rebâtirez votre capitale, vous laboure rez vos champs, je cesserai d'être votre maître pour devenir votre allié.

Un cri de liberté et d'espérance s'échappa de la bouche des vaincus.

En un instant, douleurs et fatigues furent oubliées. Les fronts se relevèrent, l'expression d'angoisse assombrissant chaque visage s'effaça pour faire place à une soudaine énergie. Le camp reprit une animation fébrile. Un repas sommaire fut préparé, l'hydromel circula ; des mains actives sellèrent les lourds chevaux saxons, et trois heures après l'arrivée de Denis l'aveugle toute la cavalerie dont pouvait disposer le duc se trouvait prête au départ. Le gros de l'armée devait suivre à pied, forçant les étapes. Quant à Denis, on le coucha dans une voiture légère recouverte de cuir ; mais, au lieu de l'atteler de bœufs dont la marche lente l'eût forcé de demeurer en arrière avec les soldats chargés de vivres et du matériel du camp, on choisit quatre chevaux robustes qui l'entraînèrent avec autant de rapidité que le duc lui-même.

V

DÉFAITE.

Pas un jour, pas une heure, la duchesse n'avait failli à son devoir d'épouse et de régente. Le cœur brisé, mais le front haut, elle demeurait à son poste, allant au-devant du péril comme un soldat, et commandant avec la fermeté tranquille d'un général d'armée. S'il ne se fût agi que d'elle, de sa puissance, de ses trésors, avec quel dédain empressé elle les eût abandonnés aux ingrats qui les convoitaient. Vingt fois, révoltée à la pensée d'une lutte sacrilège, elle eut la pensée d'ouvrir toutes grandes les portes de ce palais à demi démantelé, d'y laisser pénétrer ses fils rebelles, et de s'enfuir dans un cloître.

L'idée de leur épargner un parricide la poursuivait sans trêve. Mais elle songeait qu'elle avait juré à Carloman de lui garder son royaume contre les ennemis du dehors et ceux du dedans, et, placée entre son devoir et ses dernières faiblesses maternelles, elle buvait jusqu'à la lie le calice d'amertume. Chaque jour voyait diminuer le nombre de ses défenseurs. La défection des grands et des soldats avait été rapide. Entre le frère et les fils de Carloman et une femme abandonnée le choix avait été rapide et sans retour. D'ailleurs, rien n'était, dans le palais, disposé pour la lutte. On pouvait en affamer les habitants, comme on pouvait les massacrer. La fin du siège de ce château se réduisait à une question de jours et d'heures. Bathilde le savait, et attendait sinon sans désespoir, du moins sans faiblesse, le moment où elle tomberait entre les mains du prince Griffon. Si coupables que fussent ses fils, elle savait que le prince avait été l'instigateur de leur révolte; elle devinait même que cette rébellion ne profiterait qu'à lui. Si, comme le lui avait affirmé Denis l'aveugle, le souhait d'épouser Ingonde avait entraîné Thierry, comme un désir précoce de commandement poussait Charles dans les batailles, que n'avaient-ils confié ce double secret à leur mère? Bathilde, dérobant à son fils aîné les larmes que lui coûtait son départ, l'aurait envoyé rejoindre le duc et ses frères dans les provinces saxonnes. A cette époque, le goût des princes plus que la question d'État présidait à leurs mariages. Les temps où les rois épousaient des captives, des filles de cardeurs de laine ou de bergers, n'étaient point éloignés, et Carloman n'eût sans doute mis aucune opposition au mariage d'Ingonde et de Thierry. Griffon avait présenté cette union comme rendue impossible par l'orgueil du duc d'Austrasie et de sa femme, et Thierry, entraîné par son amour adolescent, avait voulu enlever par la force ce qui lui eût été accordé sans peine. Après avoir passé de rudes journées à soutenir le courage des siens, combien de fois, durant la nuit, Bathilde répandit-elle des larmes! Après s'être montrée capitaine prévoyant et soldat audacieux, elle se retrouvait femme et mère, et, entre deux sanglots, elle criait le nom de ceux qui lui coûtaient de si rudes angoisses :

— Charles! Thierry!

Ce fut à la suite d'une nuit sombre, durant laquelle assiégeants et assiégés avaient dû déposer les armes, afin de remettre au lendemain le résultat définitif d'une attaque en masse, que Bathilde se leva, non plus vaillante comme aux premiers jours, mais effrayée de l'avenir, écœurée par le sang versé et désespérant du succès pour la première fois. Malgré la sagesse avec laquelle les vivres avaient été partagés, ils touchaient à leur fin.

Dans les grandes salles du château agonisaient des malheureux criblés de blessures. Il ne restait guère d'hommes valides, et ceux-là commençaient à faiblir sous les étreintes de la faim. Encore un moment et tout serait fini. Le palais envahi laisserait pénétrer dans ses salles une horde enivrée de sa victoire, et Bathilde échapperait peut-être avec peine à l'insulte et à la mort. Épuisée par trois jours d'un jeûne presque absolu, la duchesse, avant de rejoindre ses soldats près de la dernière porte qu'il lui restait à défendre, se rendit à la chapelle, où l'on allait célébrer l'office du matin.

— Mes pères, dit la duchesse aux moines, nous voyons peut-être, vous et moi, luire notre dernier soleil. Quand vous aurez appelé Dieu sur cet autel, allez réconforter les blessés et encourager mes derniers défenseurs. Ensuite, je vous en supplie, revenez dans cette chapelle pour y entonner l'office des morts... Nul, pas même vous, ne sortira sans doute vivant de ce dernier asile. Vous m'aiderez à y amener les blessés, et nous y attendrons l'exécution des décrets de la Providence.

— Madame, répondit le plus vieux des moines, vous avez témoigné trop de courage et de résignation pour qu'elle ne vous vienne point en aide.

Le saint sacrifice fut célébré; puis, suivant les ordres de Bathilde, on apporta dans le chœur les soldats blessés. Enfin, on tendit de noir la chapelle, et au moment où la voix du père Landry s'élevait pour entonner le *Dies iræ*, l'assaut du palais recommença.

La duchesse était vêtue d'une robe noire relevée sur une tunique sombre, une sorte de cotte de mailles couvrait sa poitrine, et sur ses longs cheveux elle avait placé un casque léger. Armée de la masse détachée de la panoplie de Carloman, elle commandait ses derniers soldats. Du haut des murs et des tours, les pierres avaient roulé sur la tête des assiégeants; il ne restait plus dans les magasins ni poix ni résine; la provision de traits se trouvait épuisée; les lances et les glaives émoussés étaient près de refuser le service. On allait se battre avec des tronçons d'épées, et des poignards épointés, quand la porte céderait sous les coups des assaillants. Ce fut un imposant et lugubre spectacle que celui de cés suprêmes préparatifs. Tandis que les moines chantaient dans la chapelle, des coups redoublés ébranlèrent la porte, derrière laquelle attendaient Bathilde et ses fidèles. Les bandes de fer recouvrant la charpente de chêne ébréchèrent plus d'une hache. Un bélier formé d'une lourde poutre la fendit en deux, des éclats de bois volèrent en même temps que des clous et des lamelles de métal. Ce succès redoubla la rage des assaillants, tandis que les hommes de Bathilde, penchés en avant l'arme au poing, s'apprêtaient à recevoir l'ennemi d'une façon terrible. La duchesse se tenait au premier rang, afin de protéger, s'il se pouvait, par sa présence, ceux qui l'avaient vaillamment défendue. Enfin, un craquement formidable se fit entendre, et en même temps que s'achevait le dernier verset de la prose des moines, les soldats de Griffon jetèrent bas la porte du palais, et purent apercevoir Bathilde, l'arme haute, prête à fendre le crâne au soldat assez hardi pour porter la main sur elle.

— Désarmez-la, cria une voix dure.

Griffon s'élança vers sa belle-sœur, tandis que derrière lui entraient par la brèche les plus hardis de ses compagnons.

Le prince saisit les poignets de la duchesse, puis s'adressant aux moines :

— Laissez les soldats ensevelir leurs morts, cria-t-il; quant à vous, célébrez et ma victoire et l'avènement au trône d'Austrasie de Charles et de Thierry.

— Jamais! répondirent les moines.

Bathilde était tombée sur les genoux, sans voix et sans larmes. On eût dit qu'elle entrevoyait au milieu d'un rêve effrayant les scènes qui se déroulaient devant elle. Sans révolte apparente, les genoux ployés, les bras tendus vers l'autel comme pour protester seulement devant Dieu contre l'usurpation et la violence, elle vit entrer Charles et Thierry.

Leur pâleur était livide. Rien ne trahissait des vainqueurs et des rois. Parvenus au but que Griffon avait fait miroiter devant eux, ils ne semblaient plus voir que l'immensité de leur crime, et leurs regards se détournaient de leur mère.

On avait jeté sur leurs épaules un manteau de pourpre, retenu par une fibule ornée de pierres précieuses; une couronne ceignait leurs cheveux blonds flottants. Griffon les entraîna devant l'autel; puis, placé entre eux, faisant face à ses soldats, il demanda à ceux-ci d'une voix forte :

— Reconnaissez-vous pour maîtres, et pour successeurs du duc Carloman, ses deux fils Charles et Thierry.

— Oui, oui! répondirent les soldats.

— Et vous, princes, acceptez-vous de régner sur l'Austrasie?

— Nous acceptons, répondirent-ils presque bas.

— Moines, ajouta Griffon, c'est assez pleurer ceux qui sont tombés victimes de l'obstination de le duchesse Bathilde; en attendant que les évêques consacrent mes neveux, bénissez-les et louez Dieu pour notre victoire.

— Les bénir! s'écria Bathilde indignée, sanctionner le parricide et le crime de lèse-majesté! Jamais! Ne pas demander que Dieu les foudroie sur le trône de Carloman qu'ils viennent d'usurper est tout ce que je puis à cette heure. Charles! Thierry! ajouta-t-elle d'un accent dans lequel vibraient des larmes, à cette heure encore je pourrais vous pardonner. C'est beaucoup d'avoir servi la révolte et fait répandre le sang ; ne recueillez pas le fruit de ces perfidies, épargnez-vous les remords, ce châtiment de Dieu, épargnez-vous l'expiation dont seront suivis vos forfaits.

Griffon s'élança vers la duchesse.

— Silence, femme ! silence, ou sur mon âme, je te fais raser comme une serve !

— Charles ! Thierry ! défendez-moi ! cria Bathilde en tordant ses mains sous l'étreinte implacable de Griffon.

— Cédez, ma mère, cédez ! nous sommes trop avancés pour reculer.

— Je ferai grâce à tous les rebelles.

— Il est trop tard, répéta Thierry.

La duchesse s'agenouilla devant eux.

— Écrasez-moi sur le pavé de cette chapelle, dit-elle, j'ai vu mes fils trop lâches, pour souhaiter vivre encore.

Griffon fit signe à un groupe de soldats.

— Emparez-vous de cette femme, dit-il, et entraînez-la hors de la chapelle.

Alors la duchesse s'élança vers l'autel, et s'y adossant avec une majesté terrible :

— Vous tuerez ici la femme de votre duc, dit-elle.

Les moines se tenaient prêts à se jeter au-devant d'elle au premier signe menaçant des soldats. En ce moment, Griffon et les princes, sûrs de leur victoire, allaient sans doute ajouter un crime à ceux dont ils étaient déjà coupables, quand une rumeur terrible monta comme une marée, venant du dehors jusque dans la chapelle,

A cette rumeur formée de cris d'épouvante, de menaces de mort, de coups furieux, de piétinements de chevaux, succéda bientôt le cliquetis du fer. On n'en pouvait douter, la bataille finie, il n'y avait qu'un instant, se rallumait en dehors de la ville. Bathilde avait-elle donc trouvé de nouveaux défenseurs? Quelques soldats, honteux d'avoir pris le parti des spoliateurs, rentraient-ils dans le devoir? Le combat, ou plutôt la marche rapide d'une troupe considérable se rapprochait de la chapelle. Tout à coup un flot de guerriers l'envahit, et cent voix répétèrent avec l'accent de l'épouvante :

— Carloman! le duc Carloman!

— Justice du ciel, s'écria Bathilde, vous m'avez exaucée!

Les derniers partisans de Griffon, de Charles et de Thierry se pressaient dans l'enceinte sacrée, espérant que la présence des princes couvrirait leur révolte. Ceux qui restaient au dehors se faisaient tuer, sentant bien qu'ils ne devaient pas attendre de merci,

Le duc Carloman était arrivé en Austrasie avec la rapidité de la foudre. Parvenu aux portes de la ville, il l'avait vue saccagée, portant de tous côtés les traces de la lutte subie. De ruines en ruines il était arrivé jusqu'au palais. Le sang répandu, le nombre des cadavres à peine refroidis attestaient et l'ardeur de la lutte et la crise suprême de la résistance. Peut-être était-il trop tard. Les derniers cris des combattants s'unissaient à la psalmodie des moines, et Griffon entrait dans la chapelle l'épée nue à la main, à l'heure où Carloman cherchait, dans les salles encombrées de corps saignants, s'il n'y trouverait point la duchesse Bathilde.

Courant de toute la vitesse de ses jambes robustes, le sanglier de Denis l'aveugle se frayait un passage, tandis que son maître, cramponné à ses longues soies, appelait d'une voix désespérée.

L'épée de Carloman frappait à droite, à gauche, abattant les hommes comme la cognée abat les arbres. Le sang couvrait ses vêtements et rejaillissait jusqu'à son visage.

Il allait toujours, accompagné de Dreux, cherchant Bathilde et prêtant l'oreille au chant de l'office des morts.

Tout à coup ce chant cessa.

Le prince Carloman crut que la terre tremblait sous ses pieds. De chacune de ses mains il prit une épée, et ce fut au milieu d'un orage de coups donnés et parés qu'il pénétra dans la chapelle.

Carloman courut à Bathilde, qu'il serra passionnément sur sa poitrine.

— Ne crains plus rien, dit-il, me voici!

RETOUR DE CARLOMAN

Puis se tournant vers ceux qui l'avaient suivi :

— Ces soldats, traîtres à leur souverain, aux fers, en attendant le supplice !

Puis Carloman, sans regarder ses fils, ajouta :

— Quant aux chefs de ce complot, qui ont usurpé le bandeau des princes, saccagé une ville, assiégé mon palais et porté la main sur la duchesse, accompagnez-les dans les cachots du palais... Mes pères, ajouta-t-il en s'adressant aux moines, avant la fin de cette journée, ils rendront compte à Dieu de leurs crimes.

VI

SENTENCE.

Carloman résolut de prononcer le jour même sur le sort des coupables. Il avait hâte d'en finir avec cette tragédie sanglante, et peut-être, d'ailleurs, se disait-il qu'il lui fallait toute l'excitation de sa colère pour prononcer trois arrêts décidant de trois vies.

Cependant, le père Landry, dont les conseils l'avaient souvent guidé, le vint trouver dans son appartement, et le supplia de ne point prononcer seul cette terrible sentence, dans la crainte d'éprouver plus tard des remords sans remède, tandis que, si un tribunal assemblé condamnait les princes sa conscience se trouverait en repos. Carloman céda aux conseils du père Landry. Les chefs de l'armée et les moines ayant assisté Bathilde, pendant les dernières heures de la lutte, furent désignés par le prince pour prononcer sur le sort des coupables.

On les avait enfermés dans le même cachot, et tous trois gardaient une attitude bien différente ; Griffon, en voyant la partie perdue, avait une sorte de hautaine indifférence. Il comptait payer sa dette sans demander grâce, et sans racheter sa vie par une bassesse. Un seul souvenir l'aurait rendu faible, s'il ne l'eût écarté de son souvenir : celui d'Hilda la Saxonne. Son unique inquiétude était qu'on la soupçonnât d'avoir été l'âme de ce complot ; épris d'elle et jaloux de son honneur, il avait évité de prononcer son nom, et tant que dura la lutte, si la belle esclave ne cessa d'encourager le prince, ce fut avec tant de mystère que nul ne devina leur alliance. Certes, il avait fait un beau rêve ! Feindre de remettre la puissance aux enfants qui partageaient son cachot, puis les exiler ou les jeter dans un monastère, placer la couronne sur le front d'Hilda, et régner avec elle en Austrasie ; se venger de Carloman et de Pépin, ses orgueilleux aînés; de Bathilde, dont la grâce un peu austère lui imposait; pousser ses armées non seulement sur l'étranger menaçant les frontières, mais encore sur le territoire de Pépin, tel était le rêve formé durant de longs jours. Tout était fini, bien fini; encore quelques heures et c'en serait fait de ses espérances. Sa tête roulerait sous le tranchant d'un glaive, et l'on enterrerait sans honneur, avec les traîtres et les fratricides, celui qui s'était révolté contre l'autorité de son prince, et qui avait entraîné dans sa révolte ses fils inconscients. Charles, en proie à un désespoir bruyant, ne cessait de reprocher à Griffon d'avoir joué près de lui le rôle du démon tentateur. Il s'abandonnait à des accès de rage. Le regret de sa faute pénétrait moins dans son âme qu'il ne ressentait d'épouvante à l'idée de mourir. Il se demandait s'il n'existait pas un moyen d'obtenir sa grâce. Quant à Thierry, il pleurait sans bruit, la tête dans ses mains. Plus tendre et plus faible, après s'être laissé séduire, il comprenait l'énormité de son crime. La pensée de son père irrité l'effrayait moins que celle de sa mère en larmes. Que n'eût-il point donné à cette heure pour se jeter à ses genoux et lui demander pardon! L'idée de mourir le terrifiait moins que le souvenir de la malédiction de Bathilde. Pour sentir son baiser sur le front, il eût consenti à subir les plus horribles tortures.

Le reste du jour se passa pour les prisonniers dans une solitude absolue. Cédant à la fatigue et succombant sous le poids de son angoisse, Thierry venait de s'endormir, quand la porte roula sur ses gonds. Une dizaine de soldats portant des torches apparurentdans la baie sombre, des froissements d'armes se firent entendre, puis un des capitaines de Carloman s'avança :

— Princes, veuillez me suivre!

— Nous menez-vous au supplice? dit Griffon.

— J'ai ordre de vous conduire devant le duc d'Austrasie.

Charles cessa de se plaindre, et il éveilla doucement Thierry.

— Mon Dieu! mon Dieu! cria l'adolescent en se jetant dans les bras de Charles, j'ai peur! j'ai peur!

Charles le prit dans ses bras :

— Notre père nous demande, dit-il.

— Notre père! comment le revoir? comment soutenir sa présence? Non! non! qu'il nous frappe ici, dans l'ombre... Je n'aurai point la force de voir irrité contre moi celui qui me témoigna tant de bonté, de tendresse. Capitaine, capitaine, au nom du Christ, que savez-vous?

— Le tribunal est assemblé, répondit le vieux guerrier ému de cette douleur; espérez tout encore, monseigneur : un père garde toujours de l'indulgence.

— Assez de lenteurs, fit Griffon en s'avançant, on croirait que nous avons peur.

— Pauvre Thierry! murmura Charles, nous n'aurions pas dû te faire entrer dans ce complot.

— Je suis aussi criminel que toi, Charles. Ce que tu consentis à faire pour ceindre une couronne, je l'acceptai pour mettre un anneau au doigt d'Ingonde. Pourvu que j'obtienne le pardon de ma mère, je mourrai sans crainte et sans regret.

Le prince Griffon marchait le premier, devançant presque le groupe de soldats chargés de l'escorter. Les deux frères, les bras enlacés, la tête inclinée sur la poitrine, faisaient mal à voir. Leur pâleur était livide; sur leurs lèvres, agitées d'un tremblement convulsif, se pressaient à la fois des sanglots et des mots de regret amer.

Au moment où les prisonniers traversaient le large vestibule du palais, encombré à cette heure par des curieux de tout rang, de toute race et de tout âge, Griffon tressaillit : dans une femme enveloppée d'un voile noir il avait cru reconnaître Hilda la Saxonne. Le doigt que cette femme posa sur ses lèvres sembla commander le silence, puis elle disparut dans la foule, et à la faible clarté des torches il fut impossible à Griffon de la retrouver.

Une salle d'armes, décorée de trophées conquis sur les Sarrasins, les Allemands, les Saxons et les Bavarois, présentait un aspect imposant. Au fond, sur une estrade, assis sur deux sièges semblables, se trouvaient Carloman et Bathilde. Le prince avait conservé son armure de bataille; la duchesse était vêtue de deuil, et un long voile couvrait sa chevelure blonde. Un groupe de moines et de capitaines portant leurs armures de guerre se tenaient debout. Des deux côtés de la salle se massaient les seigneurs austrasiens et les principaux habitants de la ville. Les soldats affluaient au bas de l'immense pièce, débordant dans le vestibule rempli déjà par les serviteurs du cloître.

L'indignation excitée par la trahison de Griffon et des fils de Carloman ne laissait en ce moment aucune prise à la pitié. Trop de sang généreux avait coulé pour ces ambitions avides pour qu'on s'émût à la pensée de leur châtiment. Cependant, quand Charles et Thierry passèrent faibles et pâles, appuyés l'un sur l'autre, les mots cruels s'arrêtèrent sur les lèvres, et le prince Griffon seul s'entendit accuser.

Et voyant entrer les coupables, Carloman ne put se défendre d'un mouvement de colère, tandis que Bathilde, couvrant son visage, laissa couler des larmes.

Le duc d'Austrasie se leva :

— J'aurais pu, dit-il, vous envoyer à la mort sans vous entendre, et sans permettre que vous prononciez un seul mot pour expliquer votre conduite et affaiblir, s'il se peut, l'horreur de votre crime. Je ne l'ai pas voulu. J'aurais paru venger une trahison personnelle, tandis qu'en vous je châtie des rebelles et des conspirateurs. Je vous donne des juges, et si je me réserve le droit de vous interroger, je ne garde point celui de prononcer votre sentence. Répondez, Griffon, à voix haute et devant tous. Reconnaissez-vous que, profitant de mon absence, vous avez soulevé contre son prince une partie de l'Austrasie, et tenté d'arracher la couronne non seulement à celui que le testament de Charles Martel avait fait votre duc, mais encore à votre frère...

— Mon frère! répéta Griffon d'une voix railleuse, comme Ésaü était le frère de Jacob, comme Caïn était le frère d'Abel. La même mère ne nous berça point dans ses bras, et de la différence qui régna toujours entre la tendresse que vous portait mon père et celle qu'il me témoignait naquit la haine qui longtemps couva dans mon cœur. Oui, j'ai voulu dérober un royaume, moi qui, fils légitime, me suis vu traiter en bâtard! Vous portiez au loin vos armes, vous négligiez le gouvernement de vos peuples: il me semblait que mieux valait un prince gouvernant qu'un éternel batailleur. Vous ne m'avez jamais assez aimé pour que le sentiment fraternel balançât mes ambitions. Je jouais ma vie en risquant cette partie dangereuse, et je suis prêt à payer. La seule pensée qui me console de mourir si jeune est celle que, durant tout le reste de ta vie, tu seras poursuivi par le remords. En me condamnant, tu te délivres d'un conspirateur dangereux, d'un être qui te hait; mais rien ne peut faire cependant qu'il ne tienne pas à toi par des liens sacrés. Ma révolte, mon indignité n'empêchent point que le même sang coule dans nos veines, et que Charles-Martel soit mon père. Il laissa un renom de vaillance, et son souvenir vivra autant que l'histoire ; mais toi, quand on lira les annales de ton règne, on te désignera par ce titre : Carloman le maudit, Carloman le fratricide...

— N'avez-vous rien de plus à dire, Griffon ?

— Rien.

— Vos juges apprécieront.

Griffon recula de quelques pas, et reprit place au milieu des soldats chargés de le garder.

— Charles ! dit le duc d'Austrasie d'une voix plus basse.

Le prince fit un mouvement pour se dégager des bras de Thierry, mais il ne put y parvenir.

— Qu'on nous juge ensemble ! murmura le plus jeune.

Et tous deux marchèrent vers l'estrade. Ils tombèrent à genoux, le cœur brisé, les lèvres tremblantes, les yeux gonflés de pleurs. Jamais ils

LE JUGEMENT

n'avaient paru si jeunes et si faibles, car c'étaient presque deux enfants : Thierry avait quinze ans, et Charles en comptait seize.

— Mon prince et mon roi, dit Charles, car je n'ose plus vous appeler mon père, nous ne pouvons essayer de nous justifier, et tel châtiment que vous nous infligerez nous semblera juste. Vous nous aviez comblés de bontés, et nous avons commis envers vous des actes empreints de la plus noire ingratitude. Ce que nous avons à vous dire, c'est que nous nous repentons du fond de l'âme...

— Ma mère! ajouta Thierry d'une voix déchirante, ma mère !

Bathilde se leva, tremblante, le visage inondé de pleurs, et peut-être allait-elle se pencher vers ses fils, quand le bras de Carloman la retint.

— Vous vous reconnaissez coupables d'avoir voulu vous emparer du gouvernement d'Austrasie et dépouiller votre mère de la qualité de régente dont je l'avais investie ?

— Dieu nous pardonne ce crime, nous le confessons ! répondit Charles.

Thierry joignit les mains et n'ajouta rien.

Carloman se tourna vers les juges :

— Oubliez, dit-il, quels liens attachèrent à moi ces trois coupables, et prononcez sur le sort de ces rebelles. Faites vite, le crime est avéré et prouvé!

Les juges se retirèrent dans le fond de la salle. Pendant ce temps, on apportait devant Carloman une large épée qui fut déposée sur la table placée devant lui. Il retomba dans son immobilité, et nul n'aurait pu dire si le cœur du guerrier battait d'angoisse ou se gonflait de colère.

Les juges revinrent après quelques minutes de délibération.

Chacun d'eux vint à son tour s'incliner devant le duc, puis, posant la main sur le glaive, il dit d'une voix haute :

— Pour tous les coupables, la mort...

Pas un frémissement n'agita le visage de Griffon. Les deux frères se serrèrent plus étroitement l'un contre l'autre.

Chacun des douze juges passa successivement devant le duc, effleura l'épée de justice et prononça le même arrêt. Pas une voix ne demanda grâce et merci pour le frère rebelle, pour les fils dénaturés.

Cependant l'impression produite par cet arrêt fut telle que, pour échapper à l'oppression qui les saisissait, les témoins de cette scène s'éloignèrent rapidement et gagnèrent le vestibule, tandis que les juges se groupaient autour de Carloman.

Bathilde s'était renversée sans force sur son siège, et ce fut Hilda la Saxonne qui la reçut dans ses bras.

Une grande pâleur couvrait son visage, et sa parure était moins éclatante que d'habitude ; mais elle portait toujours aux bras ces lourdes chaînes d'or qui lui rappelaient à la fois et son esclavage et la munificence de sa maîtresse, et à son cou brillait le carcan orné de pierreries.

— Combien vous devez souffrir ! dit Hilda d'une voix compatissante. Ne désespérez point cependant. C'est l'offensé qui doit prononcer le dernier sur le sort des coupables, et vous pouvez tout obtenir du duc ; maintenant que son orgueil et sa justice ont eu satisfaction, il peut se souvenir des liens qui l'attachent aux coupables. Courage, madame! courage et confiance! Il me semble que vous tenez dans vos blanches mains le salut des condamnés.

Bathilde ne répondait point à la captive saxonne, et cependant la voix d'Hilda lui apportait un apaisement. Du sein du désespoir où elle était tombée, cette voix lui montrait un moyen de salut. Carloman accorderait à sa prière la grâce de ses fils.

— Madame! disait Hilda de cette voix qu'elle savait à son gré faire harmonieuse ou glaciale, les juges ne pouvaient faire moins que de condamner les fauteurs de cette rébellion. L'indulgence aurait paru à tous un crime de lèse-majesté. La sentence est prononcée, le châtiment est suspendu sur la tête des coupables : étendez la main et le duc en retiendra l'effet. N'est-ce pas vous, plus que lui, qui fûtes offensée? Sa tendresse, son respect pour vous ne lui permettent pas à cette heure de peser toute l'horreur de la peine prononcée... Mais le sang qui tacherait les mains du bourreau jaillirait jusqu'à son cœur. La femme a toujours le droit de se montrer miséricordieuse; vous avez été fidèle épouse, vous avez gardé la force de lutter pour la défense des droits de l'Austrasie; maintenant, madame, soyez chrétienne et pardonnez! pardonnez...

La duchesse serra Hilda dans ses bras.

— Ah! s'écria-t-elle, crois-tu qu'en voyant des coupables qui me furent si chers courbés sous le poids d'une sentence de mort, je n'aie point tenté de réveiller des sentiments étouffés par une légitime colère? Tant que je commandais aux soldats défendant ma ville, mon palais, mon dernier asile, je ne voyais que des ennemis; mais à cette heure tout a changé de face... Je voudrais ramener à moi, par la miséricorde, ceux que l'ambition jeta dans la rébellion... Si j'étais seule maîtresse du sort de ces malheureux, ils seraient déjà à mes pieds... Mais la colère de Carloman est terrible. Cette âme énergique et loyale comprend trop peu le crime pour l'absoudre...

— Il vous aime, madame! il vous aime! Dans sa joie de vous retrouver plus belle, plus dévouée que jamais, il ne refusera rien de ce que vous lui demanderez... Oh! s'il voyait en ce moment les larmes que vous versez, avec quel empressement il les essuierait.

— Tu es bonne, Hilda! s'écria la duchesse, oui,

tu es bonne et dévouée. Je t'ai toujours témoigné de la bienveillance, je rêvais de faire davantage... Il me semblait que ta beauté, ta naissance te rendaient digne d'une haute alliance, et je rêvais de réparer à ton égard les injustices du sort... Hélas! une partie de ces projets s'écroule, car c'est à la cour, et dans ma famille même, que je comptais te choisir un époux.

— A moi, madame?

— A toi, Hilda... Il me semblait que le jeune frère du duc t'aurait rendue heureuse.

— Le prince Griffon?

— Oui, sans doute, je lui connaissais des défauts graves, une ambition insatiable, une jalousie sans raison; mais je me disais que, comblés tous deux de mes bienfaits, tu adoucirais ce caractère un peu sauvage, et que tu ferais de lui le meilleur ami et le plus loyal défenseur de mes fils.

Hilda laissa échapper un cri sourd. Quoi! le rêve ambitieux caressé par elle réalisé, la soif des richesses et des honneurs à laquelle elle demeurait en proie satisfaite, elle pouvait avoir tout cela, marcher presque l'égale de la duchesse d'Austrasie, et dans sa folie, dans sa haine aveugle, elle avait passé à côté de ce bonheur. On allait lui offrir ce qu'elle avait tenté de dérober. Et maintenant tout était perdu, perdu par sa faute.

Griffon allait mourir, Griffon qu'à cette heure elle aimait d'un amour d'autant plus farouche qu'elle s'en voyait à jamais séparée.

Bathilde prit pour le sentiment d'une profonde reconnaissance l'émotion qui foudroyait à ses pieds la captive saxonne.

— Relève-toi, lui dit-elle avec bonté, ce n'est pas l'heure de faiblir. J'ai besoin de tout mon courage et de toute mon éloquence pour obtenir de Carloman la grâce de ceux que l'on vient de condamner.

La duchesse s'appuya sur l'épaule d'Hilda, et, s'entourant plus étroitement dans son voile de deuil, se dirigea vers l'appartement de Carloman. Arrivée à la porte, elle congédia Hilda d'un geste muet, et celle-ci s'éloigna lentement en jetant sur la duchesse un regard empreint de désespoir.

Carloman se tenait debout près d'une fenêtre. Son front conservait un pli terrible, l'expression

de sa bouche trahissait une profonde angoisse. Il conservait ses habits tachés de sang, son armure bouclée, comme si les souvenirs de la bataille livrée et des cadavres jonchant les cours devaient entretenir sa fureur et son besoin de vengeance.

Il n'entendit point venir la duchesse, et ce fut seulement en sentant ses mains mouillées par des larmes chaudes qu'il comprit qu'il n'était plus seul.

— Bathilde ! dit-il avec élan, Bathilde à mes pieds ! Quand je t'appelle sur mon cœur, peux-tu bien t'agenouiller devant moi !...

— Écoute, dit la duchesse d'une voix vibrante de sanglots contenus, ce n'est pas ta femme, ce n'est pas la duchesse d'Austrasie qui se prosterne devant toi, c'est la mère, entends-tu, la mère des deux enfants que je t'ai donnés, et qui vont mourir à l'aube. Ils furent bien criminels, mais ils sont si jeunes ! D'ailleurs ils n'offensèrent que moi. Ton autorité eût été respectée... Ils invoquaient la loi salique contre la régente, ou plutôt ils ne réclamaient rien : Griffon seul souffla la révolte dans ces jeunes âmes. Griffon, qui ne se repent pas de sa trahison, en aurait seul recueilli les fruits. Par l'amour que tu me portes, par la confiance qui t'inspira de laisser entre mes mains le soin de ce royaume, royaume défendu et sauvé, pardonne comme je pardonne, et laisse-moi Charles et Thierry... Je les ai tenus si longtemps dans mes bras que tu ne peux me les reprendre. Ils sont à moi plus qu'à toi-même. La mère garde des droits sur les enfants jusqu'à la fin... Il me semble, hélas! à cette heure que je les préfère à leurs aînés... Oh! ne crois pas que j'aie cessé de t'aimer; tu serais là, je le sais; mais entre toi et moi se dresseraient leurs cadavres... Je te les redemanderais partout et sans cesse... Je ne pourrais plus t'entendre me parler de ta tendresse sans me souvenir que tu m'en refusas la plus grande preuve... Carloman, j'ai donné la vie à mes fils, je ne veux pas que tu la leur retires... Ton sang et le mien coulent dans leurs veines; ce sang ne sera pas répandu... leur vie, je veux leur vie!

— As-tu donc oublié le crime de rébellion et de parricide?

— Je me souviens qu'ils ont demandé grâce.

— Ils ont insulté la puissance paternelle, ils ont trahi leur mère...

— Leur mère les suivrait dans la tombe...

— Les juges séculiers et les juges ecclésiastiques ont prononcé leur sentence. Les lois humaines et les lois divines les condamnent.

— Je place ma tendresse au-dessus de la loi, répondit la duchesse en se relevant, que m'importent les juges! Nous serons tous deux face à face : toi le père, moi la mère. Toi qui commandes et moi qui prie. Chramne avait commis le même crime que mes fils : la postérité absoudra-t-elle Clotaire d'avoir changé en bûcher le misérable abri dans lequel s'était réfugié le rebelle?... Carloman! par Dieu, par ton amour, par mes douleurs mêmes, grâce! grâce!

— Non! non! fit Carloman qui sentait faiblir sa volonté devant les supplications de sa femme, cela ne se peut...

— Je les veux, vois-tu, je les veux, coupables, soit, mais vivants! Je te les retire, tu ne les verras plus... L'exil, si tu veux! un cachot, la dégradation, tout ce que tu voudras; mais la vie, laisse-leur la vie...

Le duc saisit avec une sorte de violence les mains que sa femme élevait vers lui.

— Rien que la vie! répéta-t-il d'une voix

sombre. Tu ne réclameras jamais contre leur châtiment, quel qu'il soit?

— Jamais.

— Éloigne-toi donc, Bathilde, et qu'il soit fait comme tu le veux... L'heure du supplice est venue pour celui qui poussa nos fils à la révolte.

La duchesse allait élever la voix en faveur de Griffon, mais Carloman lui dit d'une voix trahissant une volonté implacable :

— Avant que le soleil se lève, le fils de Sénéchilde aura vécu... Ne demande pas à voir tes fils... Quand j'aurai prononcé sur leur sort, tu pourras seulement avoir avec eux une suprême entrevue.

Carloman reçut dans ses bras la duchesse, que tant d'émotions avaient brisée et qui venait de perdre l'usage de ses sens.

Au moment où il appelait au secours, Hilda la Saxonne accourut :

— Rappelle ta maîtresse à la vie, lui dit Carloman avec douceur, puis emmène-la dans son appartement.

VII

L'ÉVASION

L'angoisse de l'esclave saxonne était au comble, tandis qu'elle multipliait les efforts pour ranimer la duchesse Bathilde. L'aspect de Carloman ne l'avait point rassurée, et l'état dans lequel se trouvait Bathilde pouvait lui faire craindre qu'elle eût échoué. Partagée entre l'espoir et la terreur, elle mouillait d'eau aromatisée les tempes de la princesse, et l'appelait d'une voix empreinte de tendresse et tremblante de terreur. Elle eût donné une part de sa vie pour réveiller le sentiment de l'existence dans le corps abandonné qui gisait à ses pieds. Enfin, le succès récompensa ses soins ; les paupières de Bathilde battirent, ses lèvres s'agitèrent, et deux noms lui échappèrent :

— Charles! Thierry!

— Toujours ses fils! murmura la Saxonne.

Elle fut prise d'une envie furieuse d'arracher la duchesse à sa torpeur, de lui jeter à la face une question terrible; mais elle comprit qu'elle allait se perdre, et, imposant silence à l'orage qui grondait en elle, Hilda continua son rôle empressé.

Cependant celle-ci revint complètement à la vie. Alors, dans l'expansion de son cœur, en se souvenant des conseils que lui avait donnés sa captive, elle jeta ses bras autour de son cou en répétant :

— Tu avais raison, Hilda, sauvés! Ils sont sauvés! Carloman leur fait grâce de la vie... Mon Charles! mon Thierry...

— Et le prince Griffon, madame? demanda Hilda d'une voix vibrante.

La duchesse secoua la tête.

— Pour celui-là point d'indulgence, pour celui-là nulle miséricorde...

— Quoi! rien!

— Il était le plus coupable!

— Avez-vous prié pour lui avec la même ardeur que vous l'avez fait pour vos fils?... Il mourra, celui-là! Ses bourreaux sont peut-être descendus dans sa prison! peut-être le corps du dernier-né de Charles-Martel est-il déjà glacé!...

— Non, répondit Bathilde, on lui laisse jusqu'à demain pour se repentir.

— Jusqu'à demain... répéta la Saxonne.

La soirée s'avançait, et la duchesse, épuisée, venait de tomber dans un sommeil accablant, quand Hilda quitta l'appartement de sa maîtresse, et, traversant les cours dans lesquelles vaguement elle apercevait des amoncellements de cadavres, se dirigea vers le donjon du château. La porte en était étroite et basse. Elle la franchit et pénétra dans une salle mal éclairée où se trouvaient le geôlier et sa fille. Baudour avait vingt ans, une sorte de beauté vigoureuse, et tout en elle trahissait la passion du plaisir. Très parée pour une fille de sa naissance, ambitieuse à sa manière, elle s'était promis de faire fortune, et si son père Odon secouait la tête quand elle lui parlait de ses rêves, il ne les croyait point cependant impossibles à réaliser. Odon était un homme de haute taille et d'une force herculéenne, aimant l'hydromel et la cervoise, comme sa fille aimait la parure. Largement payé pour remplir son métier de geôlier, il eût accepté celui de bourreau, s'il avait dû y gagner davantage.

Ni le père ni la fille ne reconnurent Hilda, quand elle pénétra dans la chambre ; mais celle-ci, arrachant son manteau, laissa voir à la clarté d'une lampe et sa beauté altière et les bijoux étincelants qui chargeaient son cou et ses bras. Les yeux de Baudour étincelèrent de convoitise.

Hilda s'assura que la porte était bien fermée ; puis, s'avançant vers Odon et sa fille :

— Toi, dit-elle au geôlier, tu voudrais passer tes jours à boire et à faire rouler des dés ; toi, Baudour, il te faudrait des robes de samit et des bijoux comme à une grande dame, quand même tu devrais les payer de ta réputation. Je viens vous offrir à tous deux ce que vous convoitez. Il s'agit d'un marché, naturellement, mais marché dans lequel vous avez si peu à craindre que vous seriez fous de ne point accepter. Écoutez-moi donc! Si nous devenons complices, chacun de nous aura intérêt à dissimuler la part prise par lui dans le complot. Carloman vient d'accorder la vie à ses fils... Griffon seul reste maintenant sous le coup d'une accusation capitale... Les a-t-on enfermés dans le même cachot?

— Il y a une heure à peine, je les ai enfermés séparément.

— Ainsi le prince Griffon est seul?

— J'ai ordre de ne laisser pénétrer près de lui que les moines chargés de l'exhorter à la mort.

— A quelle heure viendront-ils?

— A minuit.

— Quels religieux sont chargés de remplir cet office?

— Ils n'habitent point le château, voilà tout ce que je sais.

— Leur mission terminée, ils pourront donc rentrer dans la ville?

— Sans aucun doute.

— Odon, et toi Baudour, sans être joailliers, vous connaissez assez la valeur de ces bijoux pour savoir qu'ils représentent des milliers de livres..... Je vous les donne jusqu'au dernier, si vous facilitez l'évasion du prince,

— L'évasion du prince! s'écria Odon, je la payerais de ma tête.

— Tu ne seras pas même soupçonné, répondit la Saxonne. Quand les moines se présenteront pour exhorter le prince à la mort, au lieu de les introduire ensemble, tu les feras entrer l'un après l'autre. Tes bras sont robustes, tu les terrasseras aisément, en leur faisant le moins de mal possible, et tu te contenteras de prendre leurs robes. L'une servira au prince, l'autre sera pour moi; tous deux, grâce à ce déguisement, nous quitterons le château sans être inquiétés. Le duc croira que les moines, à l'instigation de la duchesse, ont sauvé la vie de Griffon; si tu penses avoir quelque chose à craindre, accompagne-nous dans notre fuite. La colère de Carloman ne peut être de longue durée. Un jour viendra où il pardonnera à son frère, et ce jour-là tu seras près de lui le premier.

Odon hésitait, mais Baudour toucha du doigt le collier d'Hilda, et lui dit :

— Donne.

— Oh! fit avec un ironique sourire la belle captive, ces bijoux ne se détachent point comme une fibule. On les a rivés à mon cou et à mes poignets. Mais ton père les limera comme il limerait le carcan d'un criminel... Sois tranquille, Odon, je ne tremblerai pas, et cependant je sais qu'un aux mouvement de la lime et de ton marteau suffirait pour me tuer.

— Vous êtes brave, dit Baudour, dont les yeux noirs étincelèrent, et mieux vaudrait pour nous vous suivre que de garder la geôle du château.

— Es-tu prêt, Odon? dit la Saxonne.

Le geôlier alla prendre quelques outils, puis il fit asseoir Hilda sur une chaise assez haute, inclina la tête de la jeune femme, et commença la difficile opération. Hilda ne bougeait pas. On n'entendait d'autre bruit que le grincement de l'outil sur le collier d'or. Baudour suivait ce travail avec une hâte fiévreuse; le carcan de pierreries venait de tomber dans ses mains, et Hilda redressait sa tête quand le cri d'une sentinelle avertit le geôlier que les moines mandés par le duc arrivaient au château.

Odon les introduisit ensemble dans la grande salle; puis, s'adressant au plus âgé :

— Veuillez me suivre dans le cachot du prince Griffon, dit-il, je reviendrai ensuite prendre votre compagnon pour l'introduire auprès des princes Charles et Thierry.

Le vieillard suivit le geôlier. Deux minutes après, Odon remontait; il semblait fort calme, mais le coup d'œil qu'il lança à la Saxonne lui apprit qu'il avait réussi. Le second moine descendit le même escalier; puis, arrivé dans le couloir, il se sentit étreindre dans les bras nerveux d'Odon.

— Je ne vous veux pas de mal, dit celui-ci; il me faut seulement votre robe... Je vous délivrerai dans une heure.

Le jeune moine ne tenta même pas de résister, et Odon remonta tenant sur son bras les vêtements de bure.

Hilda tendit ses poignets :

— Prenez vite, dit-elle, nous n'avons pas de temps à perdre !

Elle avait ôté ses bagues et son bandeau de perles, et il ne lui restait plus que ses bracelets. Baudour faisait étinceler à la clarté de la lampe les pierreries du carcan.

— Gardez-les, dit la fille du geôlier ; si mon père veut m'en croire, nous irons vous rejoindre dans quelques jours... D'ailleurs, nous sommes déjà assez payés !

— Je ne te remercie pas, jeune fille, tu l'as dit, nous nous retrouverons... Adieu, donnez-moi une de ces robes... passez devant moi et désignez-moi le cachot du prince... Nous remonterons dans un instant.

Le geôlier ne tenta même pas de résister au vouloir d'Hilda. Passant devant elle, il descendit un long corridor, puis lui désignant une porte basse :

— Charles et Thierry sont là, dit-il.

Un peu plus loin, il introduisit une clef dans une

serrure, remit la lampe à la Saxonne, et murmura :

— Vous me trouverez au bas de l'escalier.

Hilda franchit le seuil du cachot dans lequel était enfermé Griffon.

Le prisonnier se leva brusquement, en entendant le bruit des gonds rouillés.

Il était assez brave pour ne point reculer devant la mort, et il s'avança de deux pas, croyant aller au-devant du bourreau.

La captive saxonne, la lampe haute, le visage rayonnant de joie fière, marcha lentement vers le prince :

— Ne m'attendiez-vous pas? lui demanda-t-elle.

— Vous attendre? Non, Hilda je n'attendais qu'un moine pour m'exhorter au repentir et l'exécuteur pour abattre ma tête.

La jeune fille posa la lampe sur l'embrasure d'un jour de souffrance, puis s'asseyant sur un banc de pierre à côté de Griffon :

— Quand vous m'apprîtes que vous m'aimiez, lui dit-elle, j'ai ressenti peut-être plus d'orgueil que de joie. Votre tendresse représentait pour moi ma haine assouvie, mon orgueil satisfait. Vous me juriez de me venger de Bathilde et de prendre pour moi un diadème ; cette parole valait la mienne, et je vous aurais alors donné ma main par reconnaissance... Mais, depuis, vous vous êtes battu comme un lion, et, vaincu dans la lutte, vous avez eu le courage de taire le nom de celle qui vous montra tout ensemble le but à poursuivre et la récompense à atteindre... Le faible Thierry a laissé échapper le secret de son amour pour Ingonde, vous avez tu le vôtre, et vous l'auriez emporté dans la mort... Aussi, maintenant, ce n'est plus l'esclave avide d'une revanche éclatante, la fille ambitieuse et froidement résolue qui vous tend la main, mais la fiancée soumise, la femme dévouée qui vous engage sa foi.

— Hilda! Hilda! s'écria le prince, n'amollissez pas mon courage... Mes heures sont comptées, je dois garder la force de mourir...

Oh! cette voix qui me dit : « Je t'aime! » l'entendre sur le bord de la tombe! Cette main qui se donne avec un serment, la presser dans des mains qui seront si vite glacées! Hilda! pars, adieu! sois bénie! Je ne regrette pas de t'avoir obéi, et pour un de tes regards je ferais davantage encore!

— Ecoute, dit la Saxonne, tu ne peux plus mourir. Je ne le veux pas, je t'aime, et j'aime comme je hais, avec une force que rien n'entrave et ne dépasse. Carloman garde cette couronne d'Austrasie que pour moi tu voulais arracher du front de Bathilde : viens m'en conquérir une autre dans ma patrie, dans cette Saxe où Carloman a semé tant de ruines, et dont les derniers fils se lèveront à la voix d'Hilda. Un royaume est à prendre, celui-là, aussi, peut devenir superbe, en dépit des malheurs du passé... Nous aurons pour nous les Allemands; pas un Bavarois, pas un Saxon ne restera du parti de Carloman. Qui sait même si nous n'en détacherons pas un grand nombre de sujets. Vous n'êtes pas un conspirateur vulgaire, prince. Si vous avez tenté d'asservir l'Austrasie, pourquoi Charles-Martel vous donna-t-il un apanage dérisoire? Vous mettrez le pape dans vos intérêts, vous tâcherez d'y intéresser votre frère Pépin, et vous triompherez par l'adresse, après avoir échoué par les armes...

— Tout cela eût été possible, Hilda, avant la défaite, avant le retour de Carloman, avant la condamnation des juges.

— Tu n'attendras pas le bourreau, reprit la Saxonne. Tout est prêt pour ta liberté ! Les moines qui te devaient exhorter à la mort nous ont laissé leurs robes, et, grâce à ce déguisement, nous franchirons sans crainte les portes du château et celles de la ville. Odon fera tomber tes chaînes. Il m'a déjà débarrassée de mon carcan d'esclave. Nous serons libres à la fois, et tandis que tu échappes à la vengeance de Carloman, je fuis Bathilde, ma noble maîtresse... Viens ! Griffon, le jour blanchit déjà, n'attends pas que le bourreau aiguise sa hache.

Le prince écoutait la Saxonne avec une avidité mêlée d'une joie si puissante qu'elle lui enlevait la force de répondre.

Hilda jeta sur les bras du prisonnier une des robes monacales, ouvrit le carcan de ses chaînes, rabattit sur le visage de Griffon le capuchon de laine sombre ; puis, passant la seconde robe de bure, elle se trouva complètement travestie.

Alors, tendant la main au prince avec une dignité que jusqu'alors il ne lui avait pas vue :

— Prince, lui dit-elle, emmenez votre femme.

Griffon s'élança vers elle, porta rapidement à ses

lèvres la main d'Hilda; puis celle-ci reprenant la lampe, tous deux s'enfoncèrent dans le couloir.

Au pied de l'escalier Odon les attendait.

— Enferme les deux moines dans le cachot du prince, dit la jeune fille au geôlier, enlève leurs liens, et que le bourreau, les trouvant seuls, puisse croire qu'ils ont favorisé l'évasion de Griffon.

Sur le seuil de la geôle Baudour attendait.

— Madame, dit-elle, si bien qu'ait été combinée cette affaire, elle peut entraîner pour nous de graves dangers. Je vous supplie donc, dès que vous serez en sûreté, de nous indiquer où nous pourrons vous rejoindre.

— Compte sur moi, répondit Hilda.

Au moment où le prince et la jeune fille, enveloppés dans leurs amples robes brunes, quittaient le château, un homme vêtu de noir, et tenant appuyé sur son épaule un glaive brillant, s'acheminait de ce côté.

— Le bourreau! murmura Hilda à l'oreille de son compagnon.

Le jour grandissait, les portes de la ville roulèrent sur leurs gonds, et deux moines, les premiers, en passèrent le seuil, tandis que les gardiens, les yeux gros de sommeil, s'inclinaient avec un profond respect.

VIII

LA NEF ERRANTE

A peine Pépin, duc de Neustrie, eût-il connaissance des scènes terribles qui venaient de se passer à la cour de son frère, qu'il accourut auprès de Carloman. Le séjour de sa capitale rappelait encore trop à celui-ci les scènes de rébellion et de massacre, pour qu'il ne s'en éloignât pas avec une sorte de soulagement. Ses recherches pour retrouver les traces de Griffon et d'Hilda étaient demeurées sans résultat. Il ne pouvait en ce moment songer à les poursuivre, d'autant moins que, grâce à son audace, et conseillé par l'ambitieuse Saxonne dont il venait de faire sa femme, Griffon recrutait des alliés et des défenseurs en Bavière et dans toute l'Allemagne. Le pape lui-même n'était pas éloigné de prendre le parti du plus jeune fils de Charles-Martel, nanti d'une part si inégale dans la succession paternelle. Le plus sage, pour Carloman, était donc de songer à pacifier l'Austrasie, à faire rentrer les amis de Griffon dans le devoir et à effacer les traces d'une lutte violente. Du reste, après la fuite de son frère, il parut oublier ses deux plus jeunes fils. Les princes demeurèrent dans les cachots du palais, gardés avec soin, mais sans rigueurs excessives, visités par les moines qui recueillaient l'expression d'un sincère repentir et fortifiés par eux contre la pensée du châtiment.

Le voyage se fit avec lenteur. On ménageait les forces de Bathilde, épuisée par le chagrin. Le long de la route, les habitants des villes et des villages, après avoir regardé avec admiration le cortège des princes, fixaient des yeux inquiets sur la voiture couverte de cuir noir, ressemblant à une bière roulante. Nul n'eût deviné dans les infortunés qui y gisaient couchés sur de la paille, les poignets et les chevilles cerclés de carcans, le corps froissé par de lourdes chaînes, les yeux brûlés par les larmes, des fils de princes héritiers d'un des fils de Charles-Martel. Parfois un des moines quittait sa mule et montait dans la voiture. Alors il entretenait Charles et Thierry des miséricordes du ciel et les exhortait à la patience. Jamais une plainte ne s'échappait de la bouche des adolescents. Ils ne s'effrayaient pas même du châtiment qu'ils devaient subir et dont ils ignoraient encore la nature. En leur faisant don de la vie, ils trouvaient que Carloman avait usé de grande indulgence. Quand ils apprirent la fuite de Griffon, un soupir passa sur leurs lèvres, et seulement alors ils comprirent comment et pourquoi ils avaient été joués par leur oncle.

Lorsque Carloman et Bathilde furent installés à la cour de Pépin, il ne fut question ni de fêtes ni de réceptions. Tous deux en ce moment aspiraient au repos après tant de guerres et de batailles. Les deux familles portaient ensemble le deuil du bonheur de Carloman. L'incertitude dans laquelle restait Bathilde sur le sort réservé à ses fils devint si aiguë, et parut capable d'entraîner des suites si terribles, que le duc d'Austrasie comprit qu'il fallait en finir. Il voulut avoir l'avis de Pépin.

— Ma sœur Bathilde a eu raison de demander leur vie, répondit le duc de Neustrie, et tu aurais tort d'accorder grâce entière. Le crime dont ils se rendirent coupables peut être absous par Dieu, mais non pardonné par leur père et leur chef. Tu pourrais les garder prisonniers, et les laisser s'éteindre dans un cachot, à quoi bon! Rends-les incapables de nuire; qu'il leur soit possible de regarder la lumière du ciel, de prier, de lire, de converser avec leurs compagnons; mais qu'ils ne puissent faire un pas sur leurs jambes paralysées, ni soutenir une épée de leurs bras énervés...

— Je comprends, dit Carloman d'une voix sourde, oui, je comprends...

— Sans doute, reprit Pépin, ce châtiment est terrible; mais c'est un châtiment de roi. Il entraîne la déchéance et il laisse la vie.

Carloman serra les deux mains de son frère.

— Il en sera ainsi, dit-il.

Et, sans ajouter un seul mot, il quitta la chambre de Pépin.

Le supplice que Pépin conseillait à Carloman d'infliger à ses fils révoltés constituait un usage qui se perpétua longtemps après le règne des fils de Charles-Martel. Sous des formes diverses il remontait à une haute antiquité. L' « énervation » était connue des Romains, qui faisaient saigner pour les affaiblir et les rendre impropres au service militaire les soldats qui s'étaient rendus coupables d'une faute grave. Guillaume de Jumièges rapporte que cette cruelle opération s'appelait *cauteriare*. On employait le fer ou le feu dans « l'énervation ». Mais il existait un troisième moyen, sans doute : car lorsque Louis d'Outre-Mer menaça Richard III, qui se trouvait en son pouvoir, de l'énerver, il semblait ne vouloir se servir que de l'eau bouillante. Dans le manuscrit de Philippe Mouskes, on trouve que, d'après le conseil de la reine Gerbere,

Si li ferait les *jambes quire* (cuire).

Ce supplice, emprunté à l'Orient, entraînait avec lui non seulement une incapacité physique de se mouvoir, mais encore une infamie qui rendait les « énervés » incapables de régner jamais.

Carloman n'osa point annoncer à Bathilde la terrible résolution qu'il venait de prendre. Résolu à punir, et craignant d'avoir à lutter contre la tendresse de la duchesse, le prince donna des ordres aux sinistres exécuteurs de semblables condamnations ; puis il manda chez lui le père Landry :

— L'heure est venue, lui dit-il, où les coupables vont expier leur crime ; allez les encourager à la patience durant cette torture. Quand ils l'auront subie, et que ma justice sera satisfaite, je ne garderai plus d'autre sentiment que celui de la pitié.

La voix du prince était si grave, sa volonté paraissait si implacable que le père Landry comprit qu'il ne pouvait rien attendre de ce père qui, après avoir laissé à sa colère le temps de s'apaiser, venait enfin de choisir le supplice que devaient subir ses fils.

Le moine descendit dans le cachot des deux frères, et y trouva le bourreau et ses aides.

Réunis dans les bras l'un de l'autre, épouvantés par les sinistres apprêts dont ils ignoraient la nature, Charles et Thierry, pris d'un frisson de mort, n'osaient se communiquer leur angoisse. A la vue du moine, ils poussèrent un cri d'espérance :

— Mon père ! mon père ! dirent-ils en se jetant à ses pieds, que va-t-on faire de nous ? Que veulent ces hommes ? Que signifient ces instruments de torture ? Allons-nous donc mourir ?

LES ÉNERVÉS DE JUMIÈGES

— Non, répondit le père Landry; mais vous souffrirez d'une façon cruelle... Armez-vous de patience, et quand vos membres brisés vous refuseront tout service, rappelez-vous que vous avez levé la main sur votre mère...

— Miséricorde! cria Thierry avec un sanglot.

— Et Griffon est libre! dit Charles dont un éclair de rage illumina les yeux, Griffon se taille un royaume en Saxe et en Bavière! Lâche qui n'a point songé à nous arracher à notre cachot quand il s'évadait du sien! Lâche qui nous laisse aux mains des bourreaux... quand il fut l'instigateur de notre crime...

Le tourmenteur et ses aides attendaient...

— Mon fils! mon fils! dit le moine en pressant Thierry dans ses bras, ne songez plus qu'à la passion du Sauveur, laissez-moi vous garder contre ma poitrine; je ne puis vous défendre, je veux au moins vous consoler...

Pendant un temps dont l'excès de leur douleur ne leur permit point de calculer la durée, les fils de Carloman et de Bathilde emplirent le cachot de cris désespérés. Leurs jeunes corps se tordirent dans les bras du moine qui sanglotait de pitié, et ne trouvait pas même la force de les exhorter à la patience...

Enfin, ils tombèrent brisés et sanglants sur leur lit de paille, et le vieillard, s'agenouillant près d'eux, banda les plaies de Charles et de Thierry.

Vers le soir, le moine se rendit à l'appartement de Carloman.

Les traits du vieillard émaciés, pâlis, bouleversés, racontaient assez les émotions subies pour qu'il ne lui soit pas nécessaire de rien ajouter à la signification terrible de sa présence.

— Mon père, lui dit le duc, veuillez vous charger d'un dernier soin. Il faut que dans quinze jours une barque de petite dimension soit amarrée au bord de la Seine. Quelque pêcheur vous en cédera une. Je souhaite qu'elle puisse suffire pour le transport de trois personnes.

— J'obéirai, prince! répondit le père Landry.

Au moment où le vieillard quittait la chambre du duc, Bathilde accourait, la mort sur le visage.

— Est-ce vrai? demanda-t-elle, est-ce vrai?

— J'ai tenu ce que j'avais promis, répondit le duc d'une voix grave, dans laquelle vibrait une douleur inavouée. Ceux qui ont offensé la majesté du prince et le respect dû au père sont désormais réduits à l'impuissance. Croyez-moi, Bathilde, je ne me suis pas vengé, je me suis contenté de punir...

La duchesse cacha son front dans ses mains en sanglotant.

— Rappelez-vous vos propres paroles : « Je ne demande pour eux que la vie ». Et, maintenant, je vous laisse libre d'aller vers eux... Quant à moi, je les verrai seulement le jour où je les abandonnerai entre les mains de Dieu.

— Ne resteront-ils donc pas ici?

— Non, répondit le prince.

— Où les exilez-vous?

— Le Seigneur lui-même désignera le lieu de leur retraite.

— Vous parlez par énigmes, et ces énigmes me semblent terribles.

— Dans quelques jours vous les comprendrez...

— Carloman, n'êtes-vous point trop sévère? Hélas! ce n'étaient que des enfants.

— Oui, des enfants! vos fils et les miens!

Bathilde serra la main de Carloman, mais elle n'osa le regarder. A cette heure, elle oubliait avec quelle ardeur elle lui avait demandé leur vie, pour ne se souvenir que du terrible supplice qu'ils venaient d'endurer.

Elle quitta l'appartement du duc, en proie à un désespoir sans cause, et descendit dans les prisons du palais.

Des gémissements la guidèrent vers les cachots.

Elle se précipita vers les deux frères avec un élan indescriptible.

— Mes enfants! mes enfants! dit-elle.

Quel changement s'était opéré dans ces adolescents. Livides, ayant à peine la force de soulever leurs paupières, dévorés par une fièvre ardente, ils gisaient sur le sol, poussant des cris lamentables et demandant grâce et merci, tout en implorant la mort.

Thierry revint à lui en sentant son front inondé de larmes chaudes.

— Ma mère! dit-il avec un élan de tendresse soudaine, ma mère!

Son visage se transfigura. Si grande fut sa joie qu'il ne songea plus ni à son crime ni à son supplice. Quand cette pensée lui vint, il comprit qu'il n'avait plus de miséricorde à implorer, et que la mère, dans sa tendresse ineffable, oubliait l'attentat commis contre la régente.

— Oh! maintenant, je puis mourir! dit Thierry d'une voix empreinte de douceur sans nom... Vous m'avez embrassé, vous me pardonnez! Mon âme purifiée par cette caresse montera vers Dieu sans crainte. Assurez notre père de notre repentir; dites-lui que nous avons tout accepté de sa main royale et paternelle... Oh! mère! ces membres que vous avez couverts de baisers quand nous étions tout petits sur vos genoux, comme la torture les a brisés... Nous ne pouvons plus jeter autour de votre cou nos bras dont les nerfs sont brûlés... Nous ne pourrons plus jamais aller au-devant de vous, nous ne pourrons même plus nous agenouiller à vos pieds pour vous demander pardon... Oh! Seigneur, quelle angoisse cuisante, et que nous sommes rudement punis !

Charles essayait de conserver plus de courage, et de parler moins de ses souffrances; mais quand il se sentit pressé contre le cœur de sa mère, toute son énergie l'abandonna.

— Las! demanda-t-il, savez-vous ce que notre père compte faire de nous?

— Non, répondit la duchesse, pas plus que je ne savais ce que serait votre châtiment.

Elle passa la nuit dans le cachot de ses fils, les encourageant, les consolant, présentant à leurs lèvres un breuvage salutaire, essuyant sur leurs fronts la sueur glacée qui les couvrait, plus tendre, plus mère que jamais à l'égard de ceux qui avaient failli lui enlever son royaume et sa vie.

Le lendemain, le père Landry la rejoignit.

Il était suivi d'un serviteur portant des vêtements dignes de fils de roi. On leur ôta leurs tuniques souillées. Bathilde peigna leurs longs cheveux, et lorsque les princes se trouvèrent enveloppés de longues robes finement brodées, agrafées au cou par une fibule de pierreries, quand on eut enveloppé d'un manteau leurs jambes désormais inertes, des serviteurs les soulevèrent dans leurs bras :

— Où allons-nous? demanda Charles.

— Où vous attend le duc votre père, mon Seigneur.

— Dans les salles du palais?

— Non, mon Seigneur, sur les bords de la Seine.

Bathilde frissonna de la tête aux pieds.

— O mes bien-aimés ! mes bien-aimés ! dit-elle.

Et, tout en pleurant, elle suivit les robustes archers portant dans leurs bras les corps brisés de Charles et de Thierry.

Le père Landry, obéissant aux ordres du duc, avait trouvé une barque pouvant remplir ses vues. Un marinier l'ayant cédée pour quelques pièces d'or, on la remplit de vivres, on y enferma des vêtements, un serviteur aux gages du duc eut pour logis une chambre ménagée dans la cale. Quand la duchesse et ses fils arrivèrent au bord du fleuve, Carloman s'y trouvait avec son frère Pépin, le père Landry et quelques-uns des seigneurs de Neustrie et d'Austrasie.

Il faisait une belle journée de septembre ; le ciel était bleu, la brise douce, et cette barque richement drapée de tapis de velours semblait disposée pour une promenade.

Sur un signe de Carloman, on y coucha les deux princes.

Bathilde tomba sur les genoux et tendit les bras vers ses fils.

Alors Carloman s'avança, puis la main étendue vers le fleuve :

— Allez, dit-il, dans cette nef sans rames ni voiles, jusqu'où il plaira à Dieu ! Je vous abandonne à sa miséricorde, et je souhaite qu'il vous guide vers un asile où vous trouverez la paix. Ma colère est passée, ma justice satisfaite. En vous remettant dans les mains de Dieu, je retire la malédiction lancée sur vos têtes...

Le père Landry s'approcha de l'avant de la barque et y accrocha une pieuse image; puis s'adressant aux princes :

— Les voies de Dieu sont sur la terre comme sur l'onde ! leur dit-il.

Bathilde se précipita pour la dernière fois, couvrit leurs fronts livides de baisers et de larmes, puis elle tomba évanouie sur la berge du fleuve.

Sur un signe de Carloman l'anneau de la barque fut coupé, et le courant entraîna la barque errante.

Longtemps on put voir flotter dans l'eau les lourdes draperies enveloppant les corps des suppliciés ; longtemps on entendit leurs déchirants adieux et leurs sanglots... puis la barque diminua et s'effaça comme un point dans le brouillard montant du fleuve.

Quand la duchesse ouvrit les yeux, la nef errante avait disparu, et ses fils aînés, Dreux et son frère, la couvraient de caresses.

IX

Le premier office venait de finir, et les moines de Jumièges erraient en liberté dans les jardins de l'abbaye ou sur les bords de la Seine, qui en ceignait le territoire d'une façon presque complète. Des bois séculaires l'entouraient de leurs ombres paisibles, et quand le regard plongeait sous leur voûte impénétrable aux rayons du soleil, il s'égarait sur la ligne bleue du fleuve. Bathilde et Clovis II avaient fait, en 661, don de cette presqu'île à Philibert, abbé de Rebais, qui rêvait alors de fonder un vaste monastère dont les religieux reconnaîtraient la règle de saint Benoît.

Un très jeune homme, vêtu d'une robe monacale, mais dont les ciseaux n'avaient point encore coupé les cheveux blonds, s'empressa, en quittant la chapelle, de chercher la solitude et se dirigea vers un immense bouquet de saules. Une tristesse profonde emplissait ses yeux d'un bleu sombre; il marchait le front baissé, la taille courbée, et l'on eût dit la vie trop lourde à ses dix-huit ans. Troisième fils d'une noble et puissante famille, Roger avait été conduit à Jumièges afin de s'initier aux lettres; mais, en réalité, ses frères aînés et son tuteur espéraient qu'au sein de cette retraite paisible, environné d'hommes à la fois savants et pieux et dont un grand nombre avaient connu les froissements et les désillusions de la vie, il songerait qu'il serait plus doux et plus sage de rester dans l'arche protectrice que d'affronter les périls d'un monde inconnu. Roger satisfit pleinement au premier souhait de sa famille. Il aimait l'étude et fit honneur à ses maîtres. Les louanges délicates de ceux-ci, une piété sincère, des amitiés dont il connaissait et la sincérité et la valeur, séduisaient le jeune homme; mais souvent aussi le désir de franchir le clos de l'abbaye, la soif d'apprendre, le besoin vague d'excitations guerrières et de tendresses naïves, lui serraient le cœur et faisaient bouillonner son cerveau. Alors il prenait en dégoût le calme de cette retraite et la fraternité unissant entre eux ses compagnons. Il se sentait étouffer, et ses bras se tendaient vers un monde inconnu.

Tandis qu'il rêvait, assis sous les saules, un vieux moine, dont une étroite couronne de cheveux blancs rendait plus douce encore la physionomie, s'approcha sans bruit du jeune homme ; puis, doucement, il posa sa main sur son épaule.

— Où va votre esprit, Roger ? lui demanda-t-il.

Le jeune homme releva le front et sourit avec tristesse.

— Mon esprit va vers l'inconnu, mon père. Je me demandais à cette heure ce que fait Raimbaud, mon frère aîné, un des vaillants capitaines du duc de Neustrie, ce que devient Rollon dont les fiançailles sont célébrées. Je me représentais la martiale allure de l'un et je tâchais de deviner le bonheur de l'autre... Puis ma pensée se repliant sur moi-même, je comparais ma vie à la leur. Je me voyais à dix-huit ans enfermé entre ces murailles sombres ou errant sur cette presqu'île de bois et de marécages. Des visions de fêtes et de batailles passaient tour à tour devant moi... Oh ! mon père ! mon père ! je voyais alors des jeunes filles me sourire, j'entendais les accords guerriers des buccins.

Je prenais ma place au festin de la vie, et je m'enivrais à mon tour... Oh! je sais ce que vous allez me dire : Je jouis d'une paix complète, et rien ne trouble la sérénité de mes nuits... Mais le calme n'est pas la vie, et je préfèrerais les agitations orageuses de l'existence à la tranquille paix de Jumièges.

— Dans deux ans vous serez libre de partir, mon fils.

— Deux ans! combien de mois, combien de jours à souffrir! Encore si j'avais des amis de mon âge, si je pouvais confier à une âme troublée comme la mienne les combats qui se livrent en moi... si j'osais...

— Que faites-vous donc à cette heure, Roger?

— Je vous les confesse, comme un pénitent à son confesseur ; je vous montre mon âme malade, parce que la douleur m'arrache des cris inconscients ; mais vous ne me comprenez pas assez pour me répondre. Votre esprit s'est plié aux minuties de la règle, votre cœur s'est glacé au milieu de vos frères, et si vous me plaignez, il se mêle du dédain à votre pitié.

— Pauvre enfant ! murmura le moine.

— On affirme, reprit Roger, que le nom de Jumièges dérive de *gemitus*, comme s'il rendait la dureté de la règle sous laquelle plient et gémissent les moines. Que ce nom exprime bien ma pensée !

— Vous vous trompez, dit doucement le vieillard.

— Frère Augustin n'en voulait pas plus convenir que vous, et tout en avouant que Jumièges signifiait cris et lamentations, il n'y voulait voir que les soupirs du vent dans les arbres séculaires et les plaintes de l'eau baignant la presqu'île.

— Vous vous trompiez tous deux, mon fils : Jumièges vient de *Gemma*, pierre précieuse, parce que Jumièges est un diamant entre toutes les abbayes. En existe-t-il une seule qui puisse lui être comparée? A peine Clovis II et Bathilde l'avaient-ils fait germer de terre, qu'elle atteignit subitement une célébrité sans rivale. Le successeur de Philibert, son fondateur, gouvernait neuf cents moines et quinze cents frères convers. La horde de Hasting la ruina, et où passent les Normands, on dirait que tombe la foudre; mais elle est ressuscitée plus magnifique que jamais, et pendant des générations et des générations encore les cœurs brisés, les esprits troublés, tous ceux qui connaissent le néant

L'ABBAYE DE JUMIÈGES

de la vie, y viendront puiser la consolation, la force et l'oubli... Mon front est chauve, Roger ; j'ai connu les enivrements des batailles, les joies rapides du cœur. J'ai été l'ami des rois, et j'ai vu des princesses me sourire ; cependant, seulement à Jumièges j'ai trouvé ce bien sans égal qui s'appelle la paix... Plus tard, vous connaîtrez le nom sous lequel je fus grand et presque célèbre ; il vous suffit aujourd'hui que je vous comprenne et que je vous serve... Je vous dispense des offices pour toute cette journée...

Le vieillard posa sa main paternelle sur le front de Roger, et, le laissant sous le bouquet de saules, il reprit la route de l'abbaye.

La rêverie de Roger venait de changer de nature. Au lieu de regarder les rares événements de son adolescence, il se demandait ce qu'avait été la vie de cet homme qui venait de se révéler si imposant et si fort. Quelles douleurs l'avaient jeté dans le cloître ? Etait-il vrai qu'il y trouvât le repos et la joie ? Encore une fois, le jeune homme laissa tomber son front dans ses mains, et se perdit dans des rêves sans but, bercé à la fois par les gémissements du vent soufflant dans les feuillages et par les sanglots de l'eau sur les rives couvertes de fleurs.

Quand il releva la tête, sans se rendre un compte exact du temps écoulé, le soleil était déjà haut, et des nappes de clarté filtrant à travers les branchages moiraient les mousses étalées en tapis, et semblaient semer de paillettes d'or les légers remous de l'eau.

Tout à coup, Roger crut apercevoir une barque sur la Seine.

Certes, il n'était pas rare de voir sur le fleuve des mariniers, la rame ou l'aviron en main; alors une voile s'orientait dans le canot, le battement des rames agitait l'eau joyeusement : on entendait les paroles des hommes et parfois un rire de femme.

Mais la barque, qui suivait avec lenteur le fil de l'eau, manquait de voiles et de rames. A l'avant, une image de la Vierge, suprême protection laissée à la nef errante. Était-ce une barque perdue? Les pêcheurs qui la montaient avaient-ils fait naufrage? D'où venait-elle? où allait-elle? A la garde de Dieu, sans pilote et sans voile? Les yeux de Roger ne se détachaient pas de cette embarcation étrange. A mesure qu'elle approchait, frôlant presque la berge dont parfois les fleurs et les ronces paraissaient la couvrir, il semblait à Roger qu'elle n'était pas vide. Quand le soleil jetait sur elle ses clartés vives, on apercevait des pans de draperies pourpres comme du sang, laissant dans l'eau une traînée rouge. Puis deux têtes pâles, deux têtes qui paraissaient mortes reposaient sur des coussins... Cette barque emportait-elle le secret de la mort, et n'était-elle qu'un cercueil flottant?

Quittant rapidement l'ombre des saules, Roger s'élança au-devant de la barque mystérieuse. En ce moment, elle paraissait l'attendre. Les iris, les flambes, les roseaux venaient de s'accrocher à l'image de la Madone, et la nef immobile se balançait comme si elle se trouvait à l'ancre.

Non, la nef errante, sans rames, sans gouvernail et sans voile, n'était pas vide... Roger en était certain maintenant... Il distinguait deux têtes d'adolescents d'une pâleur de marbre...

Leurs longues chevelures confondues s'épanchaient sur les coussins; des tuniques enrichies de broderies les couvraient ; sur les courtines retombaient les mains exsangues, et les jambes enveloppées de bandages paraissaient immobilisées par la faiblesse et la douleur.

Roger poussa un cri de pitié, et, se penchant vers

le fleuve, il se cramponna au bordage de la barque.

Deux fronts livides se soulevèrent, et les regards des adolescents remercièrent Roger, à défaut de leurs voix.

— Où sommes-nous? demanda celui qui semblait l'aîné.

— A Jumièges, répondit Roger.

— Dieu soit loué! répondit le plus jeune, nous trouverons ici le repos...

— Ne voulez-vous point descendre de cette barque? demanda le jeune homme, vous aiderai-je à mettre pied à terre?...

— Hélas! reprit l'aîné, nous ne pourrons plus fouler le sol, et jamais nous ne retrouverons le libre exercice de nos membres. Vous êtes jeune, vous semblez bon... Allez dire au supérieur que nous lui demandons l'hospitalité.

— Lui apprendrai-je vos noms?

— Il suffira de lui dire que nous sommes malheureux.

Roger comprit que l'unique moyen de venir en aide aux mystérieux voyageurs était de leur obéir, et, s'élançant dans la direction de l'abbaye, il rejoignit le père Augustin, lui raconta l'échouage de la nef, et le supplia d'envoyer quatre des frères convers les plus robustes afin de porter au couvent les infortunés qu'envoyait la Providence.

Deux brancards furent vite préparés, et au bout d'un quart d'heure le vieillard et ses compagnons se trouvaient près des voyageurs.

— Qui que vous soyez, dit le vieillard, tenez-vous pour assurés que vous serez aimés, consolés dans cette maison.

Il enleva la courtine rouge, et l'on put voir alors les corps affaissés des deux jeunes gens. Les bras et les jambes semblaient inertes, et quelques précautions que prirent les frères en soulevant les blessés, ceux-ci laissèrent échapper des gémissements d'angoisse.

— Roger, dit le moine, vous demandiez des amis... je vous donne la garde de ces adolescents...

— Merci, mon père, répondit le jeune homme.

Si vous le trouvez bon, je ferai disposer pour eux la grande cellule.

— Non, répondit le père Augustin, des couchettes seront préparées pour eux dans la chambre d'honneur, où nous recevons les princes qui daignent nous visiter.

Un moment après on introduisait les deux adolescents dans une vaste pièce, au centre de laquelle se trouvait un lit monumental, sur lequel on les étendit tous les deux.

— Un des frères ayant prévenu le moine chargé de l'exercice de la médecine et de la direction de la pharmacie, celui-ci arriva muni de bandages, de fioles et d'onguents. Roger, le cœur navré, le regard fixe, ne pouvait plus détacher ses yeux des pâles visages de ceux dont la garde lui avait été confiée. Il pressentait qu'il allait apprendre un secret terrible, et sa volonté faiblissait, son âme défaillait en présence de ces jeunes gens, beaux comme lui, plus robustes que lui, il y avait seulement quelques jours, et désormais faibles comme des enfants.

Quand les adolescents virent le moine chirurgien, un sourire erra sur leurs lèvres.

— Mon père, dit l'aîné d'une voix qu'il s'efforça d'élever, votre habileté ne pourrait rien pour le mal dont nous souffrons... les nerfs de nos bras et de nos jarrets sont coupés...

— Quoi! s'écria le moine, vous avez subi le supplice de l'énervation?

— Oui.

— Quel juge a pu porter une semblable sentence?

— La sentence était juste, si le juge fut sévère... Nous nous attendions à la mort, et on nous laisse le temps de nous repentir... Regardez nos cheveux longs, ce sont ceux des princes francs... voyez ces fibules de pierreries, elles furent un don de notre mère... Voulez-vous apprendre nos noms ? je m'appelle Charles, voici Thierry mon frère, et nous avons pour père le duc d'Austrasie, Carloman, fils de Charles-Martel.

Vous baissez la tête, vous savez tout maintenant, et notre révolte criminelle et de quel prix nous l'avons payée... Gardez-nous ici pour y mourir, et cachez nos tombes à l'ombre de vos cloîtres...

Roger sanglotait la tête dans ses mains.

Plus d'une fois il avait entendu parler des jeunes fils de Charles-Martel. On les disait beaux et braves, il les savait à peu près de son âge. Sa pensée les suivait avec envie dans ses rêves de liberté, et maintenant en quel état les trouvait-il? Plus faibles que des enfants, brisés par la torture, rendus incapables de se battre et de régner ! Une pitié sans nom emplit son âme, et ce fut avec un cri de tendresse s'échappant du plus profond de son cœur qu'il s'écria :

— Je ne vous quitterai plus, ie vous aimerai comme un frère.

A partir de ce moment son cœur eut une affection, et sa vie un but.

L'abbaye cessa de lui paraître vide. Quand les princes quittèrent leur lit de souffrance, Roger demeura leur compagnon. On le trouvait sans cesse près des vastes chaires dans lesquelles Charles et Thierry demeuraient à demi couchés.

Roger leur lisait les chroniques de Jumièges qu'avait rassemblées Augustin ; il leur racontait les deuils de son enfance et les tristesses d'une jeunesse dévorée par de vagues désirs. A leur tour, ils lui parlaient de leur père, l'honneur des princes francs, le digne héritier de celui qui fit aux Sarrasins une guerre acharnée, de leurs frères aînés. Oubliant le châtiment cruel imposé par le juge, ils se souvenaient seulement de l'affection du père, alors qu'ils étaient dignes de sa tendresse et de ses bénédictions. Mais surtout, quand ils faisaient à Roger le portrait de Bathilde, les larmes montaient à leurs yeux, des sanglots gonflaient leurs poitrines. Ils la peignaient si douce, si bonne! Ils se souvenaient si bien des moindres détails de leur enfance passée sur ses genoux! Lorsqu'ils en venaient à retracer les scènes de leur révolte impie, ils la revoyaient superbe, indignée, saisissant de sa main frêle l'arme qui devait lui servir à défendre le trône et les droits de son époux. Mais surtout, souvenir qu'ils ne pouvaient éloigner de leur mémoire, et qui les suivrait jusqu'à leur dernier jour, ils l'entendaient, oubliant leur crime, supplier Carloman de leurlaisser la vie...

— Ah! murmurait alors Roger, si ma mère eût vécu, je serais heureux! On m'aurait donné une part de gloire, j'aurais fait mon nom grand et célèbre. Les guerriers m'auraient regardé avec envie, et les jeunes filles m'auraient souri...

— Hélas! murmura Thierry, c'est la beauté d'Ingonde qui fut le piège tendu par Griffon... J'ai compris plus tard le drame qui se joua au profit de mon oncle, et la fuite d'Hilda la Saxonne me révéla ce que j'ignorais encore... Celle-là, vous ne pouvez, Roger, vous imaginer combien elle était belle etfière, et à quel point elle pouvait devenir fatale. Nous fûmes ses jouets et les jouets de Griffon le Dépossédé. Après avoir fait de nous des rebelles et des parricides, on nous aurait jetés tondus dans un monastère. Est-ce qu'il y avait en nous l'étoffe de deux rois? On pouvait nous laisser à nos lévriers et à nos faucons. Mais Hilda plaça Ingonde sur ma route, et tout ce que j'avais d'amour fut pour elle... Ingonde ne m'aimait pas, elle l'a bien prouvé. Elle servait Hilda et Griffon dans leurs projets, voilà tout.

Chaque jour ramenait les mêmes entretiens, auxquels prenait souvent part le père Augustin, que touchaient vivement les malheurs des jeunes princes, si mérités qu'ils fussent, et l'amitié fidèle de Roger.

Les jeunes faons privés dans le parc du monastère accouraient à la voix de Thierry et de Charles; les oiseaux, comprenant qu'ils n'en pouvaient rien craindre, descendaient des hautes branches, se perchaient sur leurs épaules ou jouaient à leurs pieds. Roger leur montrait les miniatures exécutées par les novices, et leur vie s'écoulait paisible dans des occupations familières.

Les blessures de leurs membres étaient cicatrisées, mais une faiblesse croissante paraissait épuiser en eux les sources de la vie. Le sang ne remontait plus à leurs visages, et leurs mains inertes reposaient sur leurs genoux. Ils se savaient condamnés à mourir, et tous deux, sous les magnifiques ombrages de Jumièges, au milieu des enchantements d'une contrée dont les fils de Philibert avaient fait un jardin de délices, comptaient les jours durant lesquels il leur serait donné de voir se lever et se coucher le soleil.

X

LES REMORDS DE CARLOMAN

La cour du duc de Neustrie était d'une morne tristesse. Pépin, en invitant son frère à se rendre près de lui avec Bathilde, espéra vainement faire oublier à tous deux le coup porté par des fils ingrats; de jour en jour l'humeur du prince s'assombrit et la tristesse de sa compagne prit un caractère navrant. Ces deux êtres, qui s'étaient aimés avec une tendresse si profonde, en vinrent à s'éviter d'abord d'une façon inconsciente, puis avec une volonté préconçue. Bathilde offensée, menacée par ses fils, ne pardonnait pas à son mari le supplice qu'il leur avait fait subir. Elle reconnaissait comme juste la sentence prononcée contre des coupables, mais ces coupables étaient ses enfants; ce souvenir suffisait pour briser son âme. Derrière Carloman elle voyait le bourreau. D'abord le prince essaya de la distraire de sa tristesse; elle feignit de se prêter à son désir; mais, après chaque tentative, il la voyait retomber plus avant dans une sombre mélancolie. De reproches, elle n'en adressait aucun, ne s'en reconnaissant pas le droit. Carloman avait tenu sa promesse : ses fils vivaient. Mais, dans le fond de son âme, Bathilde espérait davantage ; elle croyait que, le premier feu de la colère éteint, le duc prendrait son avis sur le châtiment à infliger. Une prison lui eût paru suffisante : on s'évade d'une prison. D'ailleurs la colère dure-t-elle toujours dans le cœur d'un père? et Bathilde comptait sur un avenir de miséricorde et d'oubli. Elle n'avait plus rien à attendre pour ses fils mutilés et déshonorés, et la douleur croissait chaque jour dans son âme. Carloman devinait trop ce qui se passait en elle pour tenter d'effacer l'impression reçue. Après l'avoir froissée comme une injustice, elle l'accabla. Le sens exquis des femmes, qui les porte sans trêve au pardon, ne pouvait l'avoir trompée. En usant de son pouvoir, il avait exagéré ses droits. Lui aussi, maintenant qu'il se trouvait seul, se rappelait les heures heureuses, remplies de tendresses satisfaites et d'orgueil légitime, pendant lesquelles il reposait ses espérances sur Charles et sur Thierry. Le châtiment imposé ne dépassait-il point la faute? Tandis que Hilda triomphait avec Griffon, qu'étaient devenus ses fils, abandonnés sur cette nef sans voiles ni rames? Peut-être la barque était-elle descendue jusqu'à l'Océan, et, bercée par les vagues, avait-elle entraîné les princes vers l'immensité sans bornes où les attendait le naufrage ou la famine!

La situation de Bathilde et de Carloman devenait insoutenable. L'amitié de Pépin demeurait impuissante, et les deux époux, vivant côte à côte, obligés de feindre de s'aimer encore, souffraient doublement d'une hypocrisie nécessaire.

Un soir, après l'heure où ses femmes s'étaient retirées, Bathilde, restée seule dans son appartement, venait d'ouvrir un coffret renfermant mille souvenirs navrants d'un bonheur à jamais évanoui : des boucles blondes, des hochets, des jouets fragiles, tout ce qui restait à la mère de douleur de Charles et de Thierry.

La porte fut ouverte sans bruit et Carloman entra.

Debout près du siège de sa femme, il la vit pres-

BATHILDE ET CARLOMAN

ser l'une après l'autre sur ses lèvres les reliques de son bonheur passé, puis éclater en sanglots, en murmurant deux noms qu'elle ne prononçait plus que dans la solitude.

— Bathilde! dit Carloman d'une voix profonde.

Comme si elle eût été prise en faute, la duchesse rejeta dans le coffret les objets qu'elle en avait tirés; puis, se levant toute droite, elle resta devant son mari muette et les yeux baissés.

Celui-ci commença à marcher de long en large dans la salle.

— Bathilde, reprit-il, en saisissant les deux mains de la duchesse, il est désormais inutile de feindre, j'ai compté vos sanglots, j'ai épié vos rêves; je sais le secret de votre douleur, Bathilde, vous ne m'aimez plus...

— Moi! s'écria la princesse.

— Vous! répliqua Carloman.

— Ai-je donc failli à quelque devoir?

— Non, repartit Carloman; femme, vous m'êtes

restée fidèle ; régente, vous défendîtes mes États, au péril de votre vie ; amie, vous m'avez longtemps et sincèrement aimé... Mais, je vous l'ai dit, Bathilde, vous ne m'aimez plus...

— Ah ! si vous saviez, dit la duchesse, si vous saviez combien j'aurais voulu...

— Oublier, n'est-ce pas?

— Oui ! oublier...

— Et vous ne l'avez pas pu?

— J'ai prié devant le Crucifix et devant la Madone ; j'ai usé mes genoux dans les chapelles des pèlerinages, et passé mes nuits à demander à Dieu d'éloigner de moi les fantômes qui menacent et les souvenirs qui tuent, et Dieu ne m'a point exaucée... Ma mémoire, trop fidèle, a continué à me torturer, et les fantômes sont revenus... Oh ! Carloman, Carloman ! vous avez raison de le dire, je vous ai grandement et saintement aimé ! Mais est-ce ma faute s'il me semble qu'un abîme s'est creusé entre nous et si votre vue me rappelle ceux que vous m'avez pris !..

— Ne vous avaient-ils point offensée ? N'avaient-ils point porté la main sur ma couronne et levé le glaive contre vous?

— Je m'étais défendue, et Dieu m'avait protégée. Et, d'ailleurs, qu'importe! c'étaient mes fils, comprenez-vous? Des êtres nés de ma chair, bercés sur mes genoux, identifiés à moi par l'échange de vie qui va des enfants à la mère et de la mère aux enfants. Quand vous eûtes apaisé la révolte, j'oubliai tout. Je défendis la couronne pour vous seul; que me faisait à moi d'être régente et duchesse? je ne tenais qu'à un seul titre : j'étais mère. Ils étaient coupables, ingrats, parricides! je le sais. C'étaient mes enfants...

— Et moi? demanda Carloman.

— Vous, vous vivez, vous régnez, la vie vous est facile. Vos sujets vous obéissent. On vous loue, on vous admire : cela doit vous suffire, ce me semble. Moi, tout me manque depuis que j'ai perdu Charles et Thierry... Je les retrouve le jour et la nuit à mes côtés, me regardant de leurs yeux mourants, je les entends implorant de leur voix brisée une suprême caresse... Vous, qui me les avez pris et qui ne pouvez me les rendre, qu'attendez-vous de moi désormais?...

— Mon Dieu! mon Dieu! s'écria Carloman, vingt ans de bonheur oubliés et perdus!

— Tenez, dit la duchesse, je le sens, quoique je me le reproche, je ne cesserai jamais de pleurer. Je ne retrouverai jamais en vous le compagnon de ma jeunesse. Tout est fini, à jamais fini!

— Vous ne me pardonnez point?

— Je pardonne, je n'oublie pas, j'obéis à Dieu en ne gardant pas de haine ; mais, quand je consulte mon cœur, je sais que c'en est fait de toute tendresse et de toute joie.

— Oui, murmura Carloman, il devrait en être ainsi.

Il reprit sa marche régulière dans la salle, tandis que Bathilde tombant sur ses genoux levait les mains vers un Crucifix.

De quel orage s'emplissaient ces deux âmes également nobles et grandes et qu'un irréparable malheur séparait sans retour!

Enfin Carloman dit à Bathilde :

— Le supplice que vous endurez est trop cruel. Peut-être, si vous cessez de me voir, sentirez-vous diminuer le fardeau qui vous opprime, Bathilde : il faut nous séparer.

— J'y pensais, répondit la duchesse.

— Ne croyez pas, reprit le prince, que vous ayez été seule à souffrir. Si je vous ai davantage caché mes tortures, elles n'en ont pas été moins grandes. Vos larmes seules coulaient sur vos mains : c'est du sang qui tache les miennes. . J'ai tué mes fils ! j'ai tué mes fils ! Ils étaient jeunes et beaux, gracieux et doux ; après avoir fait votre consolation, ils auraient fait ma gloire, et sous l'empire de la colère je me suis vengé ! Hélas ! en me vengeant, n'est-ce pas moi que j'ai puni davantage ! Vous pleurez, Bathilde ; mais dans votre douleur il n'entre point de remords, tandis que moi... Vous m'avez demandé leur vie en vous traînant à mes genoux, et je n'ai accordé qu'un semblant de grâce... Pour être plus lente, leur mort n'en est pas moins certaine... Ah ! Dieu me châtie cruellement à cette heure ! Que parlez-vous de vos nuits sans sommeil? Ai-je jamais reposé depuis le supplice de Charles et de Thierry? C'est horrible ! horrible ! Oui, quittons-nous ; ne tentons plus de jouer cette comédie indigne de nous. Je partirai, vous laissant l'Austrasie à gouverner, et m'en fiant pour toutes choses à votre habileté comme à votre sagesse.

— Ce que j'acceptais jadis comme une preuve de votre confiance, je le refuse aujourd'hui, Carloman. A peine seriez-vous loin que Griffon, qui se contente à peine du gouvernement que le pape vous a obligé de lui reconnaître, fondrait sur ce duché sans duc et vengerait ceux dont il se servit jadis. Il reviendrait en Austrasie, amenant à sa suite ses leudes bavarois et saxons, et montrerait avec orgueil cette Hilda, mon ancienne esclave, dont il a fait une reine. Tous deux se vengeraient sur moi d'un passé qui ne fut point mon œuvre. L'idée de porter un sceptre me serait odieuse. Le pouvoir m'a coûté trop cher pour que jamais j'y aspire. Il vous reste des fils...

— Et vous? demanda Carloman.

— Il ne manque point de cloîtres pour les veuves de rois.

Le duc prit la main de Bathilde.

— Est-ce ainsi que nous devions nous quitter? dit-il. Il me semblait que moi, plus que vous avancé en âge, je m'éteindrais la main dans votre main en prêtant l'oreille à votre voix aimée. Même au milieu d'un bonheur sans nuages, l'idée d'une semblable mort n'était pas sans douceur... Ah! pour la dernière fois, tendez-moi ces doigts encore parés de mon anneau de mariage ; dites-moi que, moi parti, vous ne maudirez pas mon souvenir.

— Je demanderai pour vous le pardon de Dieu et la paix de votre conscience.

— Merci ! dit le duc.

Il reprit après un moment de réflexion :

— Une cession de nos États et des formalités urgentes nécessitent quelques semaines, peut-être plusieurs mois ; je vous en conjure, imposez silence à votre rancune, et traitez-moi comme si une trêve existait entre nous.

— Je vous le promets, répondit-elle.

Ils se prirent les mains, et se regardèrent avec une expression d'angoisse si intime que Bathilde se sentit défaillir.

— Adieu! lui dit-il.

Elle lui répondit : « Adieu ! » et il sortit.

Le lendemain, s'enfermant avec Pépin, Carloman lui fit part de sa résolution d'abdiquer. Pépin éprouvait une vive tendresse pour son frère. Leur vie guerrière s'était passée sans qu'ils se fussent quittés. Tous deux avaient hérité des grandes idées politiques de Charles-Martel, et jamais un différend n'avait séparé les deux princes.

Pépin essaya de dissuader Carloman d'une résolution qu'il considérait comme un acte de désespoir.

— Tu exagères, lui dit-il, le sentiment de tes regrets. Le Dieu qui a dit : « Honore ton père et ta mère » est celui qui châtia Absalon révolté contre David. As-tu témoigné plus de rigueur que bien d'autres pères traités comme tu le fus ? Le bûcher de Chramne peut te répondre... Écoute, ne précipite rien, n'abdique rien. Je mettrai autant de zèle que toi-même pour retrouver ceux que tu regrettes. Qui t'affirme qu'ils sont morts? Nul n'en a jusqu'à ce jour apporté de nouvelles. Le marinier qui vendit sa barque reviendra sans doute en Neustrie. Nous ferons soigner Charles et Thierry par les mires les plus habiles. Leurs membres sont débiles, mais le fer ne trancha point leurs cheveux. Toi qui prononças contre eux l'exhérédation, tu seras toujours libre de leur rendre les droits que tu leur as retirés...

— Ne me berce point d'une espérance vaine, répondit Carloman ; je ne les reverrai jamais.

— Que prétends-tu faire si tu quittes les tiens, si tu abandonnes l'Austrasie?

— J'irai me jeter aux pieds du pape, répondit Carloman, et je le ferai l'arbitre de ma destinée.

Rien ne put changer la résolution de Carloman, et, disant adieu à Pépin, il partit pour l'Austrasie afin de régler les dernières affaires qui le devaient occuper durant sa vie politique. On l'aimait et on le respectait ; mais on sentait bien que, depuis la révolte des princes, il n'était plus le même et que son caractère avait trop changé pour que son gouvernement ne se ressentît point des peines qu'il avait éprouvées ; avant de s'éloigner, il eut à cœur de multiplier les fondations pieuses, d'adoucir certaines lois, d'abolir plus d'un impôt. Il souhaita que ses sujets oubliassent la terrible vengeance tirée du crime de ses fils, pour ne se souvenir que des qualités et des vertus dont il avait donné l'exemple. Quand il eut réglé toutes choses, il appela près de lui Pépin, convoqua les grands en assemblée solennelle, se démit de toute sa puissance entre les mains de son frère, lui recommanda Dreux et son frère; puis, se rendant avec la duchesse à la chapelle du palais, il s'agenouilla près d'elle devant l'évêque et lui dit adieu avec une solennité douloureuse.

Le jour même, accompagné d'une suite nombreuse, il quittait l'Austrasie et se rendait à Rome.

Deux jours plus tard, Bathilde entrait dans un monastère.

XI

LE PARDON

Un jeune homme vêtu d'une robe de novice, et monté sur un cheval qui paraissait accablé de fatigue, entrait un soir dans la ville de Rome. Son visage trahissait une émotion douloureuse, et, si courageux qu'il fût, la fatigue brisait ses membres. Sa monture, exténuée par une marche forcée, pliait sur ses jarrets; et, comprenant qu'elle allait bientôt lui refuser tout service, le jeune homme sauta à terre, la prit par la bride et la conduisit à pas lents jusqu'au couvent, à la porte duquel il vint frapper.

Le novice prononça presque bas un nom qui fit soudainement lever le front au portier; puis il s'inclina en signe d'humilité, sans même se permettre d'adresser une question au voyageur, qu'il introduisit dans une cellule si pauvre, si lugubre, que celui-ci eut un frisson de pitié. Deux planches servant de lit, un crucifix de taille colossale et, au pied, un crâne blanchi, dérobé à quelque ossuaire, en formaient l'ameublement avec une table couverte d'un livre d'évangiles.

En ce moment, l'habitant de cette cellule, agenouillé devant le crucifix, récitait, avec des sanglots, les psaumes de la douleur écrits par un roi qui avait vu se révolter son fils et qui pleura ce coupable quand la justice divine l'eut frappé.

Le jeune homme s'avança de deux pas, et dit d'une voix troublée par la pitié et le respect :

— Duc d'Austrasie...

— Il n'y a pas ici de duc d'Austrasie, répondit le moine sans tourner la tête.

— Prince Carloman...

— Ce nom n'est plus le mien; je l'ai laissé à la

porte de ce monastère en venant y ensevelir mes jours.

— De quel nom faut-il donc vous appeler, vous à qui je dois annoncer de si importantes nouvelles?

— Je suis mort au monde, répliqua le moine en courbant plus bas la tête, et rien de ce qui s'y passe ne saurait désormais m'émouvoir.

— Vous vous trompez, mon Seigneur. Le guerrier peut avoir oublié ses victoires; le prince, son royaume: le père ne peut avoir oublié ses fils...

— Ses fils! répéta Carloman dans un sanglot. Venez-vous me parler de Dreux et de son frère?

— Ceux-là demeurent près du noble Pépin, votre frère, qui ne leur laisse pas même à regretter l'Austrasie, tant il leur accorde de pouvoir dans ses États. N'avez-vous pas d'autres enfants, duc?

— Ceux-là sont morts! morts par ma faute! et quand vous m'avez trouvé pleurant devant ce crucifix, je suppliais Dieu de me laver de ce crime... Le pape a daigné m'en absoudre, et cependant le remords persiste en moi... Vous qui venez les rappeler à ma mémoire, vous qui savez à quelles tortures je les condamnai, ah! sachez du moins que les miennes ont été mille fois plus grandes. Leur chair seule saigna... mon cœur est en lambeaux... Je quittai l'Austrasie, comme si, en fuyant ce pays, je pouvais chasser le fantôme de mes fils. Je remis dans les mains du pape toute mes dignités, lui-même me coupa les cheveux et bénit la cellule dans laquelle vous me trouvez... Je croyais y trouver la paix, et la paix me fuit... Et quand je crois pouvoir goûter une minute de repos, une voix réveille en moi ce remords en me demandant : « Qu'as-tu fait de tes fils? » — Ce que j'en ai fait, vous ne l'ignorez pas, vous qui me jetez leur nom à la face! Après les avoir privés de leurs membres, je les abandonnai dans une nacelle sans voile, sans gouvernail et sans rames, et la barque s'est perdue, et mes fils furent engloutis dans l'abîme...

— Mon prince et mon maître, dit le novice en s'agenouillant, croyez-en la parole de Roger de Maulvoy, dont les frères aînés servent sous les ordres de l'illustre Pépin : si je viens à vous, c'est avec des paroles de consolation sur les lèvres; si j'ose vous parler de vos fils, c'est pour vous apporter les soumissions et les humbles respects de Charles et de Thierry.

— Miséricorde du ciel! Ils seraient vivants? s'écria le moine, dont le grand front s'éclaira d'une joie soudaine. Vous les avez vus, vous leur avez parlé?...

— Depuis deux ans, nous ne nous sommes pas quittés; leur amitié m'est devenue si chère que, prié par eux de venir vers vous, je n'ai point hésité. Charles! Thierry! Grâce à eux, je ne suis plus seul; il m'ont fait aimer les ombrages de Jumièges, et les voyant si malheureux, eux, les petits-fils de Charles-Martel, j'ai compris que le cloître pouvait être préférable au tumulte de la vie... C'est moi, qui, un matin, ai vu venir leur barque sans rames; moi, qui l'ait fait atterrir au milieu des roseaux de la rive; moi, qui les ai portés dans les lits que l'on dressa pour eux dans la plus magnifique chambre de Jumièges. Ensemble, nous avons étudié, travaillé. J'ai, de leurs bouches, appris combien vous êtes bon, généreux, et combien vous êtes digne de tendresse et de respect...

— Et ce sont eux qui vous ont dit ces paroles?

— Cent et cent fois, mon maître et mon père... Longtemps, ils gardèrent le courage de me cacher le secret qui les étouffait; mais il y a un mois, après une visite du moine qui soigne les malades de Jumièges, leur faiblesse fut jugée si grande, leur vie si incertaine, que, comprenant qu'ils ne souhaitaient rien tant que de vous voir, j'ai prétexté un voyage à la cour de Neustrie afin de visiter mes frères, et je les ai quittés en leur promettant de revenir. Leur confier mon dessein, leur exposer mon espérance, eût été dangereux, cruel peut-être... Je suis venu, et je vous dis avec l'ardeur de ma tendresse pour eux : Venez à Jumièges! la vie de vos fils s'use lentement; encore quelques semaines peut-être, et cette existence, prolongée par un miracle, s'éteindra comme la clarté d'une lampe. Au nom de votre ancien amour, au nom de votre justice, venez, prince, pardonner, au nom du Seigneur, à Charles et à Thierry...

Carloman saisit les deux mains du novice.

— Oui, oui, partons! et sois béni par un père au désespoir, toi qui me ménages cette consolation suprême!

En un moment, Roger et Carloman eurent pris leurs dispositions. Il fut convenu qu'ils s'éloigneraient le lendemain. Des chevaux de choix leur seraient amenés; et le long de la route, quand une des montures deviendrait incapable de continuer sa route, on la remplacerait par une nouvelle.

Il s'agissait non seulement d'arriver, mais d'arriver vite : car ceux qui souffraient à l'abri des cloîtres de Jumièges n'avaient pas le temps d'attendre.

Quelle route que celle-là! Les voyageurs ne consentaient à prendre un peu de repos qu'au moment où leurs forces les abandonnaient d'une façon complète. Alors seulement ils sommeillaient quelques heures, puis ils remontaient à cheval.

Tandis qu'ils couraient sur la route, Charles et Thierry, désespérés du départ de Roger, sentaient augmenter leur faiblesse et s'approcher le terme de leur vie. Depuis longtemps l'idée de la mort ne les quittait pas ; mais ils y joignaient la douceur de songer qu'une main amie serrerait la leur au moment suprême, et que la voix de Roger réciterait les dernières prières près de leur lit d'agonie. Le brusque départ du jeune homme les bouleversa ; ils écoutaient à peine les consolations que venait leur prodiguer le père Augustin. En dépit des soins dont ils étaient l'objet, leur vie déclinait avec une rapidité effrayante ; ils n'avaient plus que le souffle, et chacun de leurs gémissements pouvait être le dernier.

Un soir, le père chargé du service médical de Jumièges vint trouver l'abbé du monastère :

— Les princes sont au plus mal, leur dit-il, et tous deux demandent un de nos frères pour les exhorter à la mort.

Au même moment, un moine de haute taille, qui venait d'entrer dans la salle, dit au religieux :

— Ce moine sera moi, conduisez-moi près d'eux.

La grande salle boisée de chêne était plongée dans une grande obscurité. Seule une lampe, pendant du plafond, jetait une intermittente clarté sur le lit des deux frères. Le moine s'en approcha. Son capuchon était baissé et ses mains disparaissaient dans l'ampleur de ses manches de bure.

— Mon père, dit Charles, notre crime fut égal, et nos regrets se confondent à cette heure suprême. Après une jeunesse heureuse et innocente, nous avons brusquement roulé dans un abîme, et avant d'expirer nous voulons le pardon de Dieu.

— Dieu vous pardonnera, répondit le moine, si vous acceptez votre châtiment sans murmure.

— Il était juste, ajouta Thierry, et nous l'avons

LE PARDON

compris, mon père... Seulement, sur le point de quitter une vie qui, depuis deux années, n'est qu'un long martyre, nous aurions souhaité de Dieu une grâce, une seule... et cette faveur ne nous sera pas accordée!...

— Qu'en savez-vous, et pourquoi désespérer?

— Voyez-vous, reprit Charles, nous mourons moins des suites de nos blessures que de la douleur qui nous oppresse... Ce père, dont nous foulâmes le respect aux pieds, nous l'avons chéri avec une tendresse sans égale... La douleur que lui causa notre ingratitude pèse plus sur notre cœur que le regret de mourir... A quoi sommes-nous utiles et bons désormais? à rien. Nul ne nous pleurera... Notre mère a versé toutes ses larmes aux pieds de Dieu... Oh! si nous avions entendu la voix de notre père, si nous avions vu ses mains se lever pour nous bénir, notre trépas aurait perdu toute son amertume; nous serions tombés de ses bras dans le sein de Dieu... On nous a dit qu'il avait quitté le monde, que son royaume appartenait à notre oncle Pépin, que ni Dreux ni notre autre frère n'en avaient hérité... Oh! pourquoi du fond de sa solitude n'entend-il pas les cris d'amour et de repentir de ses enfants? Pourquoi ne vient-il pas aider à mourir ceux à qui il donna la vie?

— C'est notre faute! c'est notre très grande faute! murmura Charles.

Les jeunes princes joignirent les mains répétant :

— Le pardon! le pardon! nous l'attendons pour quitter ce monde.

—Charles, Thierry, dit le moine d'une voix grosse de larmes, allez en paix vers Dieu, réconciliés et pardonnés. Si votre cœur ne peut oublier la tendresse que vous portiez à votre père, ce père n'a pu se consoler de vous avoir perdus. La faute fut grande et le châtiment cruel. O mes fils! pauvres faibles enfants tentés par un démon, vous expiâtes d'une façon trop terrible la faute commise, puisque le châtiment ne peut être oublié par celui qui vous l'infligea. Votre vie s'éteint sous l'influence du repentir, et votre père succombe à son désespoir. Vous demandez à Dieu son pardon divin, vous désirez que votre père vous presse une dernière fois dans ses bras, et vous mourrez paisibles sous sa bénédiction suprême... Charles, Thierry, ne sentez-vous point votre cœur battre avec plus de violence depuis que je suis près de vous? Au milieu des sanglots qui l'oppriment, ne reconnaissez-vous pas la voix de Carloman?

Les deux jeunes gens se soulevèrent d'un seul mouvement, et le moine les reçut dans ses bras.

— O mes fils! mes bien-aimés! leur dit-il, je serais ici depuis longtemps si j'avais connu le lieu de votre retraite. Je vous ai pleurés comme David pleurait Absalon, et après vous avoir perdus, il ne me sembla pas qu'il me fût possible de régner et de vivre. Mais je vous revois et vous retrouve... Je ne vous quitterai plus.

— Il est trop tard! murmura Charles.

— Trop tard! répéta Thierry comme un écho.

Leurs yeux brillaient à travers leurs larmes, un sourire entr'ouvrait leurs lèvres pâles, ils posèrent leurs têtes sur l'épaule de Carloman, et, poussant un long soupir, ils expirèrent dans un dernier embrassement.

On eût dit que le même coup qui les frappait venait d'atteindre le vieux moine : car il tomba de toute sa hauteur; et quand Roger épouvanté du silence régnant dans cette salle y pénétra, il trouva étendus sur le lit de parade les princes Charles et Thierry, et le duc Carloman complètement évanoui sur le sol.

On fit aux infortunés des funérailles de princes, et Carloman, après les avoir déposés dans le cercueil, reprit avec Roger le chemin de l'Italie.

Les historiens et les légendaires ont erré plus d'une fois en racontant cette chronique et n'ont pas reculé devant les anachronismes les plus faciles à prouver. Ainsi, beaucoup ont voulu voir dans les jeunes princes morts à Jumièges des suites d'un supplice douloureux les fils de Clovis II et de Bathilde. Or, Clovis II, mort à vingt et un ans, ne pouvait avoir châtié pour leur révolte des fils de dix-sept ans. Mabillon, aussi peu heureux dans ses suppositions, croit trouver dans les reclus de l'abbaye Tassillon de Bavière et son fils Théodore. Or, Tassillon est mort en Allemagne, et d'ailleurs les statues des *Énervés* représentent deux adolescents. L'opinion du Père Duplessis diffère encore : et il s'obstine à voir dans les Énervés des fils de Carloman, fils de Pépin, qui se révoltèrent contre leur oncle Charlemagne. Guillaume de Jumièges, qui vivait au temps de Clovis II, n'eût pas manqué, si le malheureux avait été le fils de ce roi, d'en parler dans ses *Chroniques,* et ce sont seulement les écrivains existant sous saint Louis qui racontèrent cette lugubre histoire. Elle est de la même date que les statues placées sur leurs tombes.

FIN.

PARIS. — IMP. DE LA SOC. ANON. DE PUBL. PÉRIOD — P. MOUILLOT. — 30476

www.ingramcontent.com/pod-product-compliance
Ingram Content Group UK Ltd.
Pitfield, Milton Keynes, MK11 3LW, UK
UKHW022021170726
13837UKWH00001B/314